JN414651

개정판

인간적인 법을 찾아서

동아대학교 법학전문대학원 명예교수

허일태

publishing and culture
피앤씨미디어

개정판 서문

"내가 누구인가의 모습은 나의 일상적 삶을 통해서 나타난다." 그렇다. 왜냐하면 내가 누구인지를 파악할 수 있는 실질적인 모습은 내가 지금껏 살아왔던 실상을 설명하지 않고서는 현재의 나의 모습을 제대로 그려낼 수 없기 때문이다. 그래서 스스로 끊임없이 질문했다. 나는 누구이며, 현재 어디에 있고, 무엇을 위해 어떻게 해야 할 것인지를?

그런 마음으로 형사법과 법철학을 전공으로 한 필자가 인간적인 법의 실현을 위해 무엇을 어떻게 해야 할까를 고민하고, 해답을 찾으려고 노력하였다. 대한변협신문, 동아대학교 학보사와 시중의 일반 언론매체 등에서 법률시평에 관한 원고청탁을 받을 때마다 이들 지면에 그런 고민의 흔적을 남겼다. 특히 "개인의 자율성을 충분히 보장하면서도 사회관계로부터 고립된 개인을 방치하지 않는 건강한 사회의 건설 필요성"과 "왜곡되지 않은 실체적 진실의 발견과 그 바탕 위에서 정립할 수 있는 정의의 구현 방식"을 주된 내용으로 기고하였다. 이들 기고문을 엮어서 「인간적인 법을 찾아서」라는 단행본을 1997년 출간하였다.

그 이후 '인간의 존엄과 인권의 보장'에 관한 다양한 측면에서 바라본 글들을 각종의 언론매체 등에 기고했고, 이들을 모아서 2006년 「인간의 존엄과 권력」을 발간했다. 다시금 13년의 세월이 흐른 2019년 법률시평과 연구활동, 여행기와 지인들의 단상 등을 엮은 「인간적인 삶을 찾아서」와 필자의 삶에 관련된 이런저런 글들을 모아서 「삶의 굴레」를 2023년 출간하였다.

「인간적인 법을 찾아서」가 출간된 지 이제 27년의 세월이 흘렀지만, 내용의 면에서 크게 달라진 부분은 없다. 다만 오탈자의 교정이 필요했고, 내용 일부를 약간 보완했다. 또한 "내 마음의 '게스트하우스'", "'정의'와 '정답'에 대한 태도", "수구꼴통과 사이비 진보를 넘어서", "전봉준과 동학운동" 그리고 "김신 전 대법관"과 "김진환 전 서울중앙지검장" 등 몇 분의 법조인에 관한 단상의 글들을 추가했다.

필자는 건강한 사회 형성을 위해 마중물의 역할에 기여하고 싶었다. 그래서 그런지 "인간은 존엄하며, 존엄한 인간성을 보장하기 위해 인간 개개인이 자유롭게 꽃피울 수 있는 사회의 형성에 기여해야 할 책무를 진다"라는 생각에 젖었다. 이를 위해 다음과 같은 사상적 내용을 갖고서 실천하려 했다.

첫째로 세상사(世上事)에는 사물의 본성에 따라 자연법칙이나 자연적 섭리가 물 흐르듯 존재하듯이, 인간사회도 평화

롭고 건강한 인간적 삶의 형성을 위해 공정성이나 정의의 실현을 전제하며, 공정이나 정의는 반드시 실현되어야 할 것으로 여겼다.

둘째로 이제껏 수많은 정의론은 배분의 문제만을 중시하였지만, 배분할 무엇이 없으면 정의로운 배분은 불가능하다. 이런 점에서 정의로운 배분을 위해서는 배분할 수 있는 그 무엇의 생산을 소홀히 하여서는 아니 된다. 따라서 정의로운 배분은 각자의 능력과 책무에 따라 정의롭게 이루어져야 하지만, 배분의 지속 가능과 몫이 풍부할 수 있도록 배분할 것의 확대 재생산을 전제해야 한다. 더욱이 정의는 개인적인 문제라기보다는 사회 관계적이다. 혼자 있을 때 정의개념은 아무짝에도 쓸모없기 때문이다. 그러므로 "정의(正義)는 올바른 배분을 통해서 사람과 사람 사이의 긴장 관계를 최소로 줄이려는 활동이자, 인간관계를 배려와 상생 관계로 최대한 확보하려는 활동"이라고 불러야 한다.

이상과 같은 사상과 생활신조를 말과 글 그리고 행동을 통하여 실천하려고 노력하였다. 여기서 강조했던 주장의 일부는 물론 한낱 아우성으로만 그칠 때도 없지 않았지만. 그래도 뜻을 말하고 밝혀 같은 생각을 가진 분들과 함께 힘을 규합하여 개개인이 자기의 능력을 최대한 꽃피울 수 있는 건강한 사회의 형성을 위한 마중물 역할을 하고자 노력했다.

본서를 출판하는 데 도움을 준 분들이 많다. 이들 중에서도 교정실력을 유감없이 발휘한 고명수 서울대학교 법학전문대학원 교수에게 고마움을 전한다. 또한 경제적 실익도 없는 본서를 출판해준 박노일 사장님께도 깊은 감사를 표하고 싶다.

2024년 6월 11일

송도해수욕장이 훤히 보이는 송도탑스빌에서 허일태

차 례

제 1 장 너와 나 그리고 우리와 법

제 2 장 정의사회의 조건

제 3 장 인간의 존엄과 형벌

제 4 장 법과 의사

제 5 장 법조인과 법학자에 대한 단상

Chapter

1

너와 나 그리고 우리와 법

01

한국인의 자화상

부산매일신문, 1997년 2월 21일

손바닥을 '위'로 펴면 그 손바닥은 '위'가 되고 '아래'로 펴면 '아래쪽'이 된다는 우리네의 동양적 사고방식은, 손바닥은 항시 '아래'가 되고 손등은 항시 '위'라고 여기는 서구의 사고방식하고 큰 차이를 느낍니다. "무언가 있다고 함은 그것이 존재하여 있는 것이고, 없다는 것은 그것이 존재하지 않는다."라는 서구의 개념방식은 존부(存否)가 명확히 갈리는 분명한 모습을 보입니다. 이에 반해 "어떤 것이 존재하여 있기에, 그것이 변하고 없어질 수 있다는 동양적 사고방식은 사물의 존부(存否) 문제에서 서양의 사고처럼 그리 명확하게 파악되지 않습니다. 어찌 보면 동양적 사고방식은 두리뭉실한 개념을 용납하게나 허용하는 데 반하여, 서양식 사고방식은 이런 개념을 용납하지 않고, 명확히 사용한다는 점에서는 칭찬할 만합니다.

그러나 '없다'라고 말하는 것은 무언인가 존재할 수 있었기에 없다는 것이지, 있은 적이 없었다면, '없다'라고도 말하지 않게 될 것입니다. 그러므로 '절대적으로 없음'이라는 언명은 논리적으로 자가당착(自家撞着)에 빠질 수 있습니다. 즉 없음과 있음을 명확히 분리하여 서로를 완전히 독립시킨다는 것은 논리적으로 그렇게 단순하지 않으며, 또한 그렇게 명백한 것도 아닙니다.

우리의 동양적 사고방식이라면 태초부터 음(陰)과 양(陽)을 주어진 것으로 하고, 사물과 사건은 음과 양의 긴장 관계에서 생성·발달·소멸해 온 것으로 풀이합니다. 양과 음을 극단적 대립 관계로 파악하기보다는 음이 발달해서 양이 되고, 다시금 양이 꽉 차게 되면 음으로 기울고, 이런 식으로 음양의 조화를 생각하고 있습니다. 이 점을 존재의 관계에 비유해 보면, 있다는 것은 없다는 것의 원인이 되며, 없다는 것은 있게 되거나 채워질 수 있는 원인이나 근거가 된다고 봅니다. 따라서 '있다'와 '없다'의 개념은 서로 대립의 개념이 아니라, 상호적 관계개념으로 이해할 수 있습니다.

그래서인지 '나'와 '너' 그리고 '우리'라는 용어의 사용 형태와 그 내용을 살펴보면 한국적 사고방식에서는 너'와' '나'라는 끈을 통하여 독립된 개체인 '너'와 '나'는 '우리'라는 공동체 안에서 서로 하나의 통일체로 용해될 때가 많습니다. 즉 한국적 사고방식은 '우리'라는 측면이 강조되어 '우리'라고 불리는 '우리 집', '우리 가족', '우리 국가', '우리 친구' 속에서 '나'와 '너'는 함몰되기 마련입니다. 서양적 사고방식은 '나'와 '너'가 특히 강조되어, '나'와 '너'가 '우리'가 되어도 '우리'라는 공동체에 용해되지 않고 '너'와 '나'는 독립된 인격체로서 남아 있게 됩니다.

따라서 서구인들은 우리 집, 우리 가정, 우리 국가, 우리 친구 관계 속에서도 개인이 전면에 나타나고 있습니다. 그 때문에 개인주의적 사고방식이 강하여 남에게 폐를 끼치지 않는 한, 모든 개인은 타인을 해치는 아닌 일이라면 그 어떤 것도 허용될 수 있다고 봅니다(예를 들면 독일 기본법 제2조: 타인의 법익을 침해하지 않는 한, 모든 국민은 각자 그 자신의 인격을 최대한 꽃피울 권리를 갖는다). 개인주의적 사고방식의 관철은 집단의 이익보다는 개인적 이익을 우선하여 고집하게 되고, 인간관계가 정의관계(情誼關係)로 이루어지기보다는 계산관계 내지 계약관계로 형성될 개연성을 가집니다. 그 때문에 개인 간의 정이 줄어들어 고독하게 되고, 소외에 빠질 가능성도 비례하여 커집니다. 그러나 각 개인이 자기 자신의 책임으로 살아야 하는 서구의 사회구조 속에서는 책임 정신이 극대화될 개연성이 큽니다. 개인주의가 팽배한 곳에서도 사회가 큰 불편 없이 원만하게 유지되고 있음은 각 개인이 자신의 행위에 대해 책임을 충실히 지고 있다는 데 있습니다. 이런 점에서 서구사회는 비록 개인주의적 생활방식을 위주로 하고 있지만, 그것은 책임을 전제로 한 개인주의의 사회입니다.

우리네 사고방식은 너와 내가 우리 속에 함께 하므로 우리라는 집단에 의존하여 함께 웃고 울고 하는 정의관계(情誼關係)로 나타납니다. 나는 우리라는 공동체의 본질적 구성 부분이고, 우리를 통하여 내가 있게 되기에 우리 속에서 나를 다소 희생하여, 우리의 이익을 주려는 성향이 강합니다. 그 때문에 나는 나이지만 '나'라는 자기중심에서 최고의 가치를 고려하기보다, 우리 속에 내가 뭉쳐있기에 '우리'라는 공동체에 대한 의존성이 커지게 됩니다. 내가 주체적이지 않고, '우리 공동체'에 의존하려는 경향을 가진 '우리 사회'에서는 '나'에 대한 책임감은 서구에 비해 희박하게 됩니다.

바로 이러한 이유에서인지 1996년 연말 김영삼 정권의 여당에 의한 노동법 등의 날치기 입법파동(노동법개정파문)과 '한보사태'[1] 등 잘못된 국정 수행으로 인하여 정치·사회적 및 경제적으로 엄청난 혼란과 손실을 초래하여 국정이 마비된 상태에 있음에도 불구하고, 이들 사건과 직접 또는 간접적으로 관

1) 1997년 1월 발생한 한보철강의 부도와 이에 관련된 권력형 금융부정 및 특혜대출 비리 사건.

계한 사람들 모두가 책임회피에 급급한 것을 볼 수 있었습니다. 어쩌면 책임의 전가의식(轉嫁意識)이 우리에게 익숙한 우리의 자화상이 아닌가 싶습니다.

이러한 자화상이 잘못됐다는 것이 확인된 이상, 이제 우리는 종래의 '너'와 '내'가 '우리' 속에서 함몰해 버린 사고방식만을 더 이상 고집할 수 없게 되었습니다. 그렇다고 '우리'가 아닌, 독립된 주체인 '나'와 '너'를 강조하는 서구의 극단적 개인주의도 우리의 대안이 아닙니다. 그것은 서양이나 동양의 극단적 사고방식이 아닌, 즉 '너'와 '나'를 존중하면서도 '우리'라는 정의관계를 상호 신뢰의 기반 위에서 형성되도록 노력해야 합니다. 그래야만 '우리 사회'가 '너'와 '내'가 단순한 정의관계 속으로 함몰되지 않고, 각 개인의 주체성도 살아있는 건강한 신뢰관계로 다가갈 수 있습니다. 이러한 의식의 전환을 통하여 자신에 대한 사회적 책임을 회피하지 않고, 책임의 전가의식을 극복하게 될 때 우리는 극단적 '우리관계'로 빚어졌던 총체적 난국을 극복할 수 있을 것입니다.

02

의식의 바다와 편견

2002년 9월 30일

객관적으로 존재한 사실에 대한 인식은 사람에 따라 달라질 수 없다고 난 믿었다. 인식의 대상이 정해져 있는 경우, 그것에 관해 인식하기 위해서 우리는 모든 감각기관을 동원하게 되는데, 그 감각기관은 사람에 따라 본질적으로 달리 작동할 수 없기에, 존재한 사실은 누구나 사실 그대로 똑같이 인식한다고 믿어왔다. 바로 이러한 믿음 때문에, 같은 것은 같고, 다른 것은 다름이라는 사실은 국가와 민족을 초월하여 만고의 진리이자, 변경될 수 없는 철칙이라고 생각했다.

그러나 여러 지방을 넘나들고, 수많은 사람을 만나면서

체감한 것은 단순한 사실의 인식조차도 사람에 따라, 지역에 따라 달라짐을 보아왔다. 그리고 그 이유가 사실에 대한 인식도 인식의 주체인 인간 자신이 생각하는 방향이나 가치 기준에 따라 달라지기 때문이라는 점도 확신하게 되었다. 즉 사람들은 보고 싶은 것만을 보며, 듣고 싶은 것만 듣는다는 사실이다.

그런데 인식주체가 가진 가치관은 태어나면서부터 죽을 때까지 절대 변하지 않은 영구불변한 것이 아니고, 개인적 차원이나 사회적 차원에 의해서도 영향을 받는다는 것은 상식에 속한다. 그렇다면 각 개인이 가지는 가치관은 상황에 따라 달라질 수 있기에, 대상이나 사건에 대한 인식도 그 상황에 걸맞은 가치관으로 달라질 수 있다. 그렇다고 하여도 우리 자신은 어느 사건이나 대상에 대한 자신의 인식을 진리라고 믿는 경향이 강하며, 자신이 믿는 사실에 관한 인식이 다른 사람과 다를 때에는 다른 사람의 사실 인식에 대해 거부하려는 속성을 지니고 있다.

이 점은 인간의 가치관이 무한정 자유롭게 열려있는 것은 아니며, 어쩌면 자신이 가지는 가치관은 파리가 병 속에 빠져 잘 나오지 못하는 것처럼, 우리의 가치관도 역시 한번 특정한 가치관에 빠지게 되면, 그 병 속에서 잘 헤어 나오지 못하고 있음을 보여준다.

이런 점에서 어쩌면 병 속에 빠진 파리는 인간보다 낫다. 왜냐하면 파리는 그 자신이 병 속에 빠져 있다는 사실을 알고,

그것으로부터 탈출하고자 몸부림이라도 치기 때문이다. 그러나 인간은 자신의 가치 의식이 어떤 병 속에 빠져 있는 줄 모르고 있을 때도 적지 않다. 물론 일부의 사람들은 그 점을 매순간 자각하며, 그 병 속에서 빠져나오려고 하거나, 아니면 비록 빠져나오지는 못하고 있더라도 병 속에 빠져 있음을 자각하면서 그것을 감안하여 사실에 관한 인식을 하려고 한다. 그러나 대부분 인간은 병 속에 빠진 자신의 가치관을 의식하지 못한 채, 그 병 속에서 인식되는 것이 전부인 양 떠든다. 그것이 편견에 지나지 않으며, 인간 사이의 갈등을 부추기는 요인이 되는 줄도 모르고.

그러므로 자신의 가치관이 병 속에 빠질 수 있음을 매 순간 기억하고, 만일 빠진 것이라면 그곳에서 빠져나오려는 노력을 기울일 때, 대상에 관한 잘못된 인식을 시인할 수 있으며, 바로 이 점을 시인할 수 있을 때 우리는 상대의 이야기를 경청할 수 있고, 독단의 미몽(迷夢)에서 깨어날 수 있다.

우리 사회의 병폐 중의 하나는 이러한 미몽이 일개인에 그치지 아니하고, 다수의 사람에 영향력을 행사하게 되는 거대 언론기관 역시 똑같은 오류를 범하고 있다는 점이다. 제발 자신의 호불호를 떠나서 진실은 진실로 볼 수 있는 안목부터 기르는 일이 오늘날 한국 사회가 당면한 큰 과제가 아닌가 싶다. 그러한 안목을 가질 때만이 서로에 대한 대립과 불신은 해소되고, 상생(相生)의 작품을 완성할 수 있는 터전이 마련될 것이다.

03

개인주의적 현대사회에 대한 반성

2002년 6월

우리는 낯선 일에 봉착할 때마다 큰 충격을 받으면서도 거기에 적응하려 한다. 적응하려고 하는 것은 완전하게 적응되었다는 의미가 아니다. 그런 적응이 철저히 되지 않았기에 낯선 장소에서 삶이나 여행은 다소의 스트레스를 받기 마련이다. 낯설지 않은 포근한 그곳인, 고향이나 가족과 친구의 만남은 대부분 힐링이 되기에, 친숙한 곳이 아닌, 낯선 땅에서 이탈하는 삶에 대해 우리는 지레 겁을 먹는다. 그래서 고독하기 마련이다.

사람은 사회생활을 하기 마련이고, 사회생활이란 그 속에 관계되는 사람과 장소, 환경 등의 변화로 말미암아 언제나 일상적인 친구, 또는 가족 간의 접촉으로만 끝나지 않고, 새로운 사람과 새로운 환경이라는 전혀 다른 차원에서 부딪치게 되는 일들이 적지 않게 발생하게 된다. 따라서 오늘을 사는 우리는 언제나 낯섦의 보편화에 직면하게 되는 위험에 처해있으며, 낯섦의 극복은 우리가 사회적 이탈을 피하는 것을 의미하게 된다.

이에 따라 우리가 어떤 문화, 어떤 가치에 대해 낯설지 않게 합류할 수 있느냐에 따라, 우리의 삶의 질은 달라질 수 있게 된다. 낯설지 않았던 고향인 대가족이 모여 살았던, 오래된 친구와 함께했던 마을 단위 촌락의 해체는 우리를 낯섦에서 보호하여 마음의 평화를 이루었던 울타리인 공동체의 해체를 가져왔다.

이러한 해체는 인간을 매사에서 자기의 책임으로 자기결정을 하게끔 강요하게 된다. 이는 물론 매사를 자기 결정할 수 있는 성숙한 인격권을 형성하는 촉매제의 역할을 할 수 있다. 그러나 그것은 현실이 아니고 단지 논리일 뿐이다. 낯설지 않았던 고향이나 자신이 속한 익숙했던 공동체의 해체로 얻게 되는 개별적 인간의 자기결정권은 낯섦에 한없이 취약한 인간의 사회적 책무만 강요하게 된다. 그러나 현실의 인간이 어떠한 낯섦에도 결연히 당면하여 자기결정권을 성숙하게 행사할 수 있지 않음은 경험적으로 이미 입증된 것이 아닌가? 자기결정권을 행사해야 하는 인간이 사회가 복잡해질수록 자신의 사회적 책무와는 관계없이 자의적인 행동으로 치달을 더 많은 개연성을 내포하며, 또 다른 익숙한 곳에 자신을 무한정 내맡기려는 태도를 지니게 된다. 그것은 독일의 나치정권에서 볼 수 있었던, 그리고 그 점에 대해 정곡을 찌른 Erlich Fromm의 『자유로부터 도피』라는 책에서 얼마든지 확인할 수 있다.

정보화의 시대에 사는 우리가 우리 스스로 낯설지 않은 곳에 내맡기지 않게 하려면, 우리가 사는 이 공동체를 우리 자신이 직접 참여하여 형성해 감으로써 우리가 안식할 수 있는 친화적인 환경으로 구축해야 할 것이다. 왜냐하면 바로 그런 사회의 형성이야말로 사이버 시대가 점진적으로 지배적인 사회로 발전하는 오늘날 익명성과 비대면성 등의 보장으로 각 개인의 개별화, 자의화(恣意化), 폭력화로 나아가고 있는 현대 사회를 진정으로 방위할 수 있기 때문이다.

추석이나 설이 되면 전체 한국 인구의 70% 정도가 고향과 가족을 찾는다. 이런 사회현상은 우리 국민에게 낯섦이 얼마나 큰 영향을 끼치는지를 보여주는 극명한 사례라고 할 수 있을 것이다. 이런 사회에서 사회의 해체를 더욱 부채질하는 형식적 자기결정권만을 강조하고, 개인주의의 극대화를 외치는 것은 이 낯섦의 의미가 얼마나 개인생활에 큰 영향을 주고 있는지를 간과한 것이다.

04

내 마음의 '게스트하우스'[2)]

2024년 2월 24일

우린 누구나 마음의 고민을 품고 있다. 그래서 다음과 같이 질문한다.

"왜 나에겐 불행은 유달리 자주 찾아오고, 슬픔은 나의 곁을 좀처럼 떠날 생각을 안 하는 걸까?"

우리는 이런 감정을 매일 느끼면서 오늘도 살아간다. 우리가 이런 고민으로 스트레스를 받게 되면, 불안증세를 일으키기 쉽게 되고, 심지어 우울증까지 이른다. 그래서 우리는 그

2) 이 글은 [정여울의 언어정담] "치유적 언어의 힘"(naver.com)을 읽고, 그가 언급한 루미의 시 '게스트하우스'를 활용한 글에서 진하게 감동하여 작성한 내용임. 정여울 선생의 생각을 부분적으로 차용했다.

런 불안에 짓눌린 마음의 자세를 치유해야 한다면서 대책을 찾아 헤맨다.

나의 이런 마음을 치유할 수 있는 나름의 대책은 이미 오래전부터 있었다. 불교에서는 '열반(涅槃)'[3]에 이르게 되면 저절로 해결된다고 한다. '열반'이란 "번뇌가 소멸된 상태 또는 완성된 깨달음의 세계"를 뜻한다. 예컨대 "태풍이 몰아치는 어느 바닷가에서 엄청난 큰 파도가 밀려오는 상황에 직면한 현실의 '나'를 살펴보자. 그런 상황이라면 나는 생사의 두려움에 떨면서 극심한 스트레스를 당하게 된다. 비록 그 큰 파도가 실질적으로 나를 덮힐 정도의 거리에 처해 있지 않을지라도.

그런데 만일 그런 상황에 놓인 '나'를 그 파도의 위험과 전혀 관계가 없는 높은 언덕에 앉아서 그런 광경을 목격하는 제삼자인 '구경꾼'으로 치환하여 생각한다면, 그 파도에 대한 나의 불안은 없어지고 마음의 평온을 찾을 수 있다. 이렇듯이 내가 직면한 현실의 문제를 구경꾼의 견지에서 바라보는 그런 훈련을 열심히 반복하다 보면 열반의 경지에 들어설 수도 있을 것이다."

이보다 더 쉬운 방법은 없을까? 이와 관련하여 페르시아 시인 루미(1207~1273)[4]의 방식을 참고해 볼 만 하다. 그는 자

3) 열반의 본뜻은 '불어서 끄는 것', '불어서 꺼진 상태'를 뜻하며, 마치 타고 있는 불을 바람이 불어와 꺼버리듯이 타오르는번뇌의 불꽃을 지혜로 꺼서 일체의 번뇌·고뇌가 소멸된 상태를 가리킨다.

신의 시를 통해서 불안한 마음이나 심한 스트레스의 극복 방안을 아주 쉽게 해결할 수 있는 영감을 불러일으킨다. 그의 작품 '게스트하우스'에서 그는 마음을 담고 있는 '나의 몸'을 '게스트하우스'로 치환한다. 나에게 수시로 찾아온 나의 감성이나 마음을 담겨주는 '나의 몸'을 내 마음의 전유물로 보지 말고, 오히려 날마다 새로운 손님을 받아주는 '게스트하우스'로 생각하라고 주문한다.

이 얘기의 요지는 시시각각 변동을 부리고 그래서 예측할 수 없는 방향으로 오르락내리락하는 내 마음이나 감정까지도 그것을 담고 있는 나의 몸을 위해 마음의 노예가 되지 말자는 것이다. 즉 나의 몸을 마음과 관계없는 '게스트하우스'로 치환함으로써 변화무쌍한 마음에서 해방하게 하여 온갖 종류의 마음이나 감성조차도 즐겁게 환영하고 기쁘게 받아들이라는 메시지이다. 그렇게 마음에 의존되지 않는 실체로서 나의 몸을 품은 '내'가 될 때 진정한 즐거움과 평온을 찾게 된다고!

그래서 루미는 다음과 같이 노래했다.

"기쁨, 우울, 비열함 혹은 어떤 순간적인 깨달음도
예기치 않은 방문객으로 찾아옵니다.
그들을 모두 환영하고 기쁘게 맞이하세요!

4) Jalālud-dīn Muhammad Rūmī. 그는 이란의 시인으로 페르시아 문학의 신비파를 대표한다. 대서사시인 《정신적인 마트나비》는 수피즘의 교의·역사·전통을 노래한 것으로 '신비주의의 바이블'로 불린다.

비록 그들이 슬픔의 무리일지라도,
그들이 당신의 집을 폭력적으로 쓸어 버리고
당신의 살림을 싹쓸이하더라도.
그래도 손님 한 명, 한 명을 정성스레 맞이하세요."

타인의 온갖 종류의 공격뿐만 아니라 나 자신에게서 일어나는 모든 감정의 소용돌이까지 나의 몸이 기쁘게 받아들일 수 있다면, 나는 얼마나 만족해하며 충만한 존재가 될 수 있을까. 나는 그 무엇도 담을 수 있는 존재, 그 어떤 것도 받아들일 수 있는 존재가 된다면 온갖 번뇌에서 해방된 '열반'의 경지에 이를 수 있는 것이 아닐까.

나는 그런 마음의 소유자가 되길 원한다. 지금 당장 가능하지 않을지라도, 나에게 어떤 불행도 극복해 주며, 커다란 깨달음을 거두어들일 수 있는 마음의 게스트하우스를. 나의 마음이 그런 게스트하우스에 거주한 것만으로 존재의 경계선이 확장되는 기쁨. 내가 그런 게스트하우스란 사실을 가슴에 새기는 것만으로 지금까지 나에게 잠자고 있던 잠재력을 발휘할 높은 개연성을 갖게 된다. 나의 마음이 그런 게스트하우스 거주자란 사실은 단지 배움에 그치지 않고 지금 나의 삶을 바꾸는 용기까지 덤으로 선물해 준다.

그렇다면 나의 마음을 괴롭히는 그런 처치 곤란한 번뇌나 도저히 사랑할 수 없는 존재들은 도대체 왜 나를 그렇게 괴롭히는 걸까. 루미는 그 질문에 대한 다음과 같이 답한다. 당신에게 그런 번뇌를 일으켜 당신의 모든 마음이나 감정을 빼앗아 가려고 작정하는 이유는, 아마 쓸데없는 가벼운 생각으로 꽉 찬 당신의 '게스트하우스'를 확실히 비워버리고 처음부터 다시 시작하라는 메시지일 거라고.

"어두운 생각, 수치심, 악의는 모두 없애버리고
문 앞에서 웃으며 손님을 맞이하고
그리고 그들을 안으로 초대하세요.
누가 오든 감사하세요.
왜냐하면 그들은 저 너머에서
저 너머의 안내자로 보내졌기 때문이니까."

나쁜 손님일지라도, 가장 따뜻한 미소로 맞이해야 한다니, 우리는 이런 루미의 세계관에 완전하게 동의하긴 쉽지 않다. 대부분의 '쉬운 아름다움'은 벌꿀처럼 우리의 마음에 달콤한 덧옷을 입힌 꼴이다. 달콤하게 만들어서 깜짝 홀리게 하기 때문이다. 쉽고 달콤함으로 가득한 마음은 그렇게 우리의 혀끝과 눈동자를 더욱 간질거리게 만든다.

이에 반해 '어려운 아름다움'은 나의 게스트하우스에 거주한 얄팍한 마음이나 편견을 철저히 비워버린다는 데서 출발해야 한다. 삼라만상(森羅萬象)한 번뇌의 극복을 위하여서라도. 왜냐하면 나의 차가운 이성뿐만 아니라, 나의 뜨거운 감성도 해탈(解脫)의 어려운 아름다움을 못 말리게 사랑하기 때문이다. 지나친 스트레스가 당신의 마음을 괴롭히는 날, 그런 마음을 지닌 나의 몸은 나 자신의 것이 아닌, 게스트하우스에 불과하다는 사실을 믿어야 하고, 그래서 누군가에 상처 입은 당신의 마음을 따스하게 보듬어 주는 게스트하우스로 변신하게 해야 한다.

05

땅에 떨어진 법, 썩어가는 사회

부산일보, 1992년 2월 15일

“법대로 하자”고 하면 서로가 감정이 극에 달한 상태에서 하는 막말이라고 생각되어 그 말을 들은 상대방의 심정을 극도로 자극하는 ‘천한 말’(?)이라고 보는 것이 오늘날 우리 한국인의 일반의식이 아닐까? 사실이 이렇다면, 그 점을 다소 음미해 볼 필요가 있다. 왜냐하면 법은 도덕의 최소한이라고 부르는 의미를 되새겨 볼 때, 도덕은 고사하고 법의 수준도 준수하지 못해 일어난 갈등을 법대로 하여 해결하면 나쁜 것이고, 언제나 도덕적 차원으로 승화하여 해결하여야 한다는 논리는 다소 지나친 면이 있기 때문이다.

法(물 수水 변에 갈 거去가 합하여 형성되었기 때문에)이란 본래 흐르는 물처럼 막힘없이 흐르게 하는 것을 말한다. 자연스럽게 흐르는 물을 막아버리면, 그 물은 썩게 마련이고, 그런 물과 함께 하는 것 역시 썩게 된다. 그러므로 물을 막아 썩게 만드는 위법한 행위는 사회를 썩게 한 행위여서 사회적으로 용납되지 않는다. 그런 행위는 악질적인 행위임을 우리가 명확히 인식하고, 그런 행위를 한 자들을 벌의 형식으로 비난해야 한다. 그리고 그런 행위를 한 자가 그 누구이든 간에 차별해서는 안 된다.

그럼에도 우리 자신은 자연스럽게 흐르고 있는 물을 인위적으로 막아 썩게 한 악질적인 행위를 얼마나 많이 자행하고 있는가. 또 그런 행위에 대해 법대로 처리하겠다는 상대방의 태도를 무조건 비윤리적이고 막가는 사람이라고 매도하는 일이 또 얼마나 비일비재(非一非再)한가?

우선 거리의 차량을 살펴보자. 적지 않는 차량의 운전자들이 조급한 마음에서 약속 시간에 목적지 도착을 위해 과속이나 자기 차선 위반, 신호위반 등을 예사롭게 한다. 조금이라도 빈틈이 있으면 어떻게 해서 끼어드는 차량은 왜 그렇게도 많은지 ….

그와 같은 현상은 비단 도로상에서만 볼 수 있는 것이 아니다. 1990년대 현재 우리 사회의 구석구석에서도 볼 수 있다. 어느 한 자리가 비게 되면, 자기의 능력이나 전문성을 충분히 고려하지 않고 합리적 절차도 무시한 채, 학연, 지연, 혈연, 권력이나 돈, 심지어 군사력마저 이용하여 그 자리를 차지하려 한다. 일류대학생이 되기 위해 저지른 입시부정이나 국회의원이 되기 위해 후보자를 매수하거나 돈으로 투표자의 선택권을 흐리게도 만든다. 또한 퇴역 장성은 어찌하여 전문성이 필연적으로 요구되는 각 공공기관이나 공기업체의 장(長)을 그렇게도 많이 차지하게 되는지. 어디 이뿐이겠는가? 일부 정치군인은 대권을 잡기 위해 군사력까지 이용하지 않았던가.

선거가 다가오는 요즘 정치적 신념 없이 정당을 몇 개씩이나 옮겨 다니는 정치꾼들, 객관성과 공정성을 그 사명으로 해야 할 언론들은 왜 그다지도 많이 촌지 사건들에 연루되는지. 이런 모든 부조리는 결국 법대로 하지 않았기 때문에 일어난 일들이다.

게다가 우리 사회에 널리 펴져 있는 인지부조화의 상황조차 철저히 외면하는 태도 역시 극복해야 한다. 예컨대 쿠데타를 감행하고, 4·19 민주화와 인권을 무참히 유린하였던 분이 우리나라 경제발전의 초석이 되었다는 이유로 존경의 대상 인물로 이해하고 숭배함은 전형적인 인지부조화의 상태이다.

따라서 사회가 썩게 되는 것을 피하기 위해서는 막힌 물이 흘러가게 하는 것과 같이, 진정한 법을 통해 각자의 사회생활이 순리대로 흐르게 하는 데 있음은 당연지사다. 그러기 위해서는 물론 정의로운 법이 우선하여 존재해야 하겠지만, 법의 적용이 불가피한 곳에서는 법은 특별한 예외적 사정이 없는 한 존중되어 실효성이 담보되도록 우리 모두 노력해야 할 것이다. 이뿐만 아니라 우리의 의식 역시 윤리적으로 부당한 행동에 대해 언제나 부당하다고 인식하고, 행위의 부당함은 결과가 좋으면 허용될 수 있다는 사고방식도 극복해야 한다.

그렇게 하여야만 우리 상호 간에 쌓인 막힘과 불신의 벽이 허물어지고, 갈등 관계가 극복됨으로써 순리와 화기가 우리 사이에 넘쳐흐를 수 있게 될 것이다. 왜냐하면 그런 속에서 법은 인간을 더욱 인간답게 꽃피우는 데 기여하게 될 것이기 때문이다.

06

최소한의 도덕

1996년 3월

"법은 최소한의 도덕"이라는 것과 "약속은 지켜져야 한다"라는 언명들은 잘 알려진 말이다. 이 언명의 참 의미는 "도덕은 법보다 더 고차원의 가치를 가지므로, 사회가 도덕적 기준에 의해서 질서가 잘 유지되고 안정된다면 그보다 더 좋을 리 없지만, 도덕으로 안 될 때 최후의 수단인 법에 근거해서라도 지켜야 한다."라는 것을 내포하고 있다. 도덕의 개념을 정의한다면, "인간이 사회생활상에서 지켜야 할 도리나 예의범절"이라고 말할 수 있다. 법이란 인간이 사회생활상 지켜야 할 강제규범이라고 부른다. 이런 점에서 도덕의 기능은 법의 기능과 많은 점에서 교차한다. 즉 도덕도 강제규범인 법처럼 사회질서나 사회평화의 달성을 위한 기능을 할 뿐만 아니라 사회적으로 중요한 가치의 보호기능과 사회적으로 올바른 행동 형성 기능까지 한다. 그리고 때론 법원도 오직 윤리적 기준을 근거로 재판한 사례를 볼 수 있는데(예컨대, 1950년대의 독일 연방법원은 약혼자 사이의 성행위조차도 위법한 것으로 보았다), 이처럼 도덕의 기능은 법의 기능과 큰 차이가 없다.

그렇기에 법과 도덕의 구별은 결코 쉬운 일이 아니다. 그러나 법과 도덕은 구별해야 한다. 구별해야 할 이유는 인간은 자기의 잘못에 대해 도덕적 책임이 아니라, 법에 근거해서 책임지기 때문이다. 물론 비도덕적 행위에 대해선 사회적으로 비난받아 행위자가 도덕적 길로 다시금 접어들고, 이런 과정을 통하여 잠재적 비도덕적 행위자에 대해서도 하나의 교훈을 줄 수 있는 것은 사실이다. 그러나 도덕은 법에 비해 그 이행을 하는 데 있어서 국가에 의한 조직적 강제력을 사용할 수 없다는 맹점이 있을 뿐만 아니라, 무엇이 도덕이며 도덕적 기준이냐는 문제에 대해 한 국가 안에서도 지역과 사회적 지위에 따라 상충할 가능성이 크다. 이런 점에서 도덕에 의해서만 사회질서를 유지하는데 부족한 점을 내포하게 된다. 이에 비해 법은 한 국가에서 통일적인 기준을 가지고 있기에 재판기능이나, 행위형성기능, 그리고 사회질서 유지기능을 포함한 다수의 기능이 도덕적 기능보다 본질적으로 강화된 상태다. 이런 점에서 법과 도덕이 구별될 수 있음은 확실하다.

그러나 법이 윤리적 또는 도덕적 뿌리에 근거하면 할수록 그 법의 실효성은 그만큼 커진다는 것을 우리는 경험적으로 수없이 보아왔다. 그러므로 법을 도덕으로부터 무조건 배제하려는 태도는 바람직스럽지 않다. 오히려 법의 형성은 기본적 인권의식과 함께 국민의 윤리의식에 그 뿌리를 두어야 하고, 다만 법적 책임은 윤리적이나 도덕적 책임과 구별하는 사고방식이 바람직한 태도라고 본다.

이러한 점에서 법률을 입법할 때 사회 윤리적 국민 의식을 고려해야 하며, 그래야만 법의 실효성을 고양할 수 있다. 또한 법의 운용 시에도 가능하다면 우리는 법보다는 우선하여 도덕이라는 사회윤리에 근거해서 상호 간의 관용으로 해결하도록 노력해야 할 것이다. 도덕이나 사회윤리 혹은 이에 기초한 관용에 의해서도 해결할 수 없는 경우에만 법은 보충적인 최후 수단으로만 개입되도록 해야 하기 때문이다.

07

법의 필요성

1996년 3월

법이 왜 필요할까? 사람들은 법 없는 이상(理想)사회를 꿈꾸면서 살고 있다. 그 꿈의 진정한 의미는 법이 결코 좋은 이웃을 연결하는 선순환의 수단이 아니라는 점을 내재하기 때문이다. 그도 그럴 것이 우리는 학교 수업을 제시간에 받으려고 횡단보도가 아닌 데서 횡단하거나, 회사에 정시 출근하기 위해서 자동차를 과속주행으로 도로교통법을 위반한다. 비록 이런 위반행위로 인해 위험한 결과가 발생하지 않았기에 사소한 일로 여길 수 있지만, 법이란 이름으로 과속 운전은 불법이란 딱지로 인식하게 되어 제재의 대상이 된다.

불법이란 딱지는 위의 사례처럼 딱지를 붙이게 된 개인에게 큰 희생의 대가가 없는 때도 있지만, 때로는 전 재산을 날리게 하거나 평생을 전과자의 낙인 아래 살아가게 하는 수도 있다. 이처럼 법이란 것은 우리 모두를 괴롭힐 수 있는 존재이다. 그런데도 왜 법이 존재해야 할까?

법의 존재 이유는 인간이 함께 사는 사회의 현실에서 찾을 수 있다. 선인들의 경험과 과학적 지식에 근거한 바에 의하면, 모든 생물은 적자생존의 법칙 아래에 있다. 인간도 또한 살아남기 위해서 의식주를 해결해야 한다. 인간은 이뿐만 아니라 인간 특유의 문화생활을 희구한다. 의식주 해결과 문화생활의 여유를 위해 인간은 한편으로 식욕과 소유욕을 비롯한 갖가지 욕구를 충족하고 싶어 하며, 다른 한편으론 그가 살고 있는 사회의 질서와 안정을 바란다.

그런데 의식주를 해결할 수 있는 물자는 천국처럼 널려져 있지 않아서 필요에 응할 정도로 풍부한 것은 아니며, 그 분배방식이 정의롭게 적절히 분배되는 것도 아니다. 그렇다고 인간의 모든 욕구가 보이지 않는 손에 의해 자율적으로 조정될 정도로 인간은 그리 성숙한 것도 아니지 않은가? 그 때문에 인간 사이의 갈등은 불가피한 것이고, 그 갈등을 해결하기 위해서는 사회적 합의에 의한 기준이 요구된다. 물론 역사적으로 거슬러 올라가면 갈수록 인간 사이의 갈등해결 기준문제는 사회적 윤리나 관습 등에 의해서도 충분히 해결될 수 있었지만,

사회가 복잡해지고 사회현실 속에 기술적 의존도가 높아지면서 국가에 의한 조직적 강제력을 근본으로 하는 법이 필요하게 된 것이다.

이 점을 극명하게 나타내기 위해서 법이 없는 사회를 생각해 보자. 특히 이 세상에 모든 법은 다 있으나 형사법, 그중에서도 형법이 없다고 가정해 보자. 형법이 없다면 사회적으로 참을 수 없는 고통과 온갖 해악을 주는 행위조차도 처벌할 수 없게 된다. 강간, 방화, 강도, 심지어 살인을 범해도 그에 대한 형벌은 없게 되고, 기껏해야 민법상의 불법행위에 의한 손해배상만을 하면 족하게 될 것이다. 그런데 민법상의 손해배상액은 대부분 수천만 원이면 족하고, 예외적인 경우라 할지라도 몇억에 불과할 뿐이며, 사람을 일부러 죽이거나 과실로 죽이거나 차이가 있는 것도 아니고, 또한 그런 손해배상액은 오늘날 재벌급 부자의 수준에서 말한다면 하루에 한 건의 살인을 해도 배상해 줄 수 있는 여력이 넘친다. 그런 경제적 능력자는 살인 행위를 심각히 생각하지 않게 될 것이다. 그런 까닭에 젊고 예쁜 여자에 대한 강간도 마찬가지로 돈이면 모두 해결될 수 있다고 생각하게 될 것이다. 그런가 하면 강제집행 당할 재산이 전혀 없는 사람도 역시 살인이나 강간행위 등의 처벌을 별로 무섭게 생각하지 않을 것이다. 왜냐하면 재산이 전혀 없는 자에 대해서는 손해배상을 강제로 집행할 수 없기 때문이다.

자, 그렇게 되었을 때 사회가 어떠한 혼란에 빠지는지를 생각해 보자. 그때에는 강자만이 살아남을 수 있고, 또한 그 강자도 언제 약자로 전락할지 예측할 수 없어, 사회는 늘 불안하게 된다. 사회적 질서나 평화가 없는 사회는 이미 인간이 그 능력을 최고도로 꽃 피울 수 있는 사회가 아니다. 인간이 인간답게 살아갈 수 있기 위해 법에 근거한 사회적 질서가 유지되는 사회가 필요한 것이다. 다시 말해 법은 사회질서를 위해 필요악인 셈이다.

법은 사회정의 실현을 위해서도 불가피하다. 왜냐하면 사회가 비록 질서와 안정을 유지한다 해도, 그 질서와 안정이 우리의 경험에 의하면 개인의 인격 등 국민의 기본권을 무시하는 절대적 권력에 의한 강요에 의해서도 가능한 것을 볼 때, 인간이 인간답게 살 수 있는 정의로운 사회건설과 그 유지를 위해서는, 자의나 독단이 아닌, 인간의 이성적 합의의 산물인 법이 필요하기 때문이다.

08

졸업생 여러분에게

부산매일 1997년 2월

지난날 긴 세월 동안 학교란 틀 안에서 인격을 도야하고 지식을 습득하면서 삶의 지혜를 갈고 닦은 졸업생 여러분에게 저는 단지 하나의 당부만을 하고자 합니다. 그것은 한마디로 성실한 사람이 되어 달라는 것입니다. 영리한 사람이 되는 것보다 좋은 사람이자 성실한 사람이 되어 달라는 것입니다. 일류대학이나 최고학부의 졸업생이 되어 달라는 것이 아니라, 자기 자신에게 최선을 다하고 이웃에게 즐거움을 주는 성실한 사람이 되어 달라는 것입니다.

성실한 사람이란 우선 무엇보다 자기가 자신을 속이지 않은 사람이라고 생각합니다. 즉 자기가 자기 스스로와 한 약속을 철저히 준수하는 사람입니다. 자기가 자기 자신과의 약속을 저버려, 자기 자신조차 자기를 믿고 신뢰할 수 없다면, 누가 그런 자를 믿어 주겠습니까? 자기가 자기 자신을 믿지 못한다면, 그 누구도 결코 그런 자를 믿고 신뢰할 수 없음은 당연한 이치입니다. 그러므로 우리는 우리 자신을 신뢰할 수 있도록 우선 자기 자신에게 충실해야 합니다.

성실한 사람이란 오늘 하루도 허투루 보내지 않는 사람입니다. 어제 죽어 갔던 분들이 그렇게 살고 싶었던 내일이라고 했던 오늘을 충실히 잡지 않고, 허투루 보내는 사람은 결코 성실한 사람일 수 없기 때문입니다.

성실한 사람이란 이처럼 매일매일 정성을 다하여 열심히 일하는 사람입니다. 일이란 본래 자기 자신의 작품 활동입니다. 내가 누구인가는 내가 하는 일이 무엇이며, 그 일을 어떻게 하고 있느냐를 통해서 나타납니다. 그러므로 일하지 않는 인간, 즉 노동이 없는 인간이란 그 자신의 고유한 인격성을 표현할 수 없어 신뢰의 토대를 갖지 못하게 된 사람입니다. 건강이 허락하는 한 열심히 일하는 모습 속에서 성실한 사람의 참모습을 발견할 수 있고, 그것은 바로 사람을 신뢰케 하는 근본요소이기도 합니다. 결국 성공한 사람이란 그 자신의 작품 활동인 일을 성실하게 수행한 사람이며, 실패한 사람이란 그의 작품 활동인 일을 부실하게 한 사람입니다.

성실한 사람이란 또한 타인을 자신만큼 귀중하게 여기는 사람입니다. 모든 사람은 그 자체 인간 존엄의 목적이자 대상이지, 결코 타인을 위한 수단으로만 이용되어서는 안 되는 것입니다. 그것은 가난하다고 해서, 병들었다고 해서, 어리거나 늙었다고 해서 달라지는 것이 아닙니다. 타인을 자기 자신을 위한 수단으로만 생각하는 사람은 존경의 대상이 될 수 없습니다. 오직 자기 가족이나 자기 자신만을 위하고, 자신의 이웃에 대해 이타심이나 협동의 정신이 없는 사람은 결코 성실한 사람이 될 수 없습니다.

성실한 사람이란 당장 눈앞에 있는 이익이나 자기 자신만의 이익을 생각하는 사람이 아니고, 근본과 순리를 사랑하는 사람입니다. 눈앞의 이익 때문에 눈이 어두워져 사리 판단이 흐려진 자는 성실한 사람이 될 수 없습니다. 근본과 순리에 역행하는 사람은 사회를 썩게 하고, 상호불신을 조장하기 때문에 결코 존경받을 수 없습니다. 비겁한 방법으로 명예를 잡기 위해 혈안이 된 사람에 대해서도 명예는 그런 사람을 철저히 배척할 것입니다. 왜냐하면 명예는 너무 빨라서 비겁하게 그것을 잡으려고 한 자에 대해서는 아주 멀리 도망쳐 버리기 때문입니다. 그러나 근본과 순리에 순응하여 묵묵히 성실하게 일한 사람에게는, 그 사람이 제아무리 명예를 버리려 해도 명예는 너무 빨라서 곧바로 그를 붙잡는다는 사실을 우리는 항상 기억해야 합니다.

우리의 삶이란 것은 어디까지나 현재의 생활 과정 그 자체 속에 있다는 점을 인식한다면, 우리 자신에게 부여된 의무와 도리를 존중하고 근본과 순리를 사랑하면서 하루하루 최선을 다하여 성실히 일하는 데에 긍지와 즐거움을 느끼는 사람이야말로 성공한 사람이자 지혜로운 삶을 누리는 사람인 것입니다.

교정에서 수년 동안 슬기로운 삶의 방정식을 지겨울 정도로 배워온 졸업생 여러분들은 사회의 어느 구석에 있든 부디 바로 그와 같은 성실한 사람으로서 행동해 주길 간곡히 부탁드립니다.

09

고개 숙인 아버지여 용기를!

부산매일 1997년

우리가 사는 동아시아 문화권의 공통된 요소로서 유교와 한자를 들 수 있다. 필자의 유년 시절과 청년 시절에는 유교의 가장 기본적인 덕목이었던 '장유유서(長幼有序)'라는 말이 우리의 행동 지침이었다. 아랫사람의 윗사람에 대한 순종은 은연중에 '된 사람'으로 평가받기 위한 제일 중요한 평가 기준이라 할 수 있었다. 특히 그 시작은 집안의 아버지에 대한 관계에서 비롯되었다. 지금은 많이 사용하고 있지는 않으나 '애비 없는 자식'이라는 말은 가장 듣기 싫은 욕이었고, 결혼하기 위해 남녀 간에 선볼 때도 '편모슬하'라는 딱지가 붙으면 잘못한 것 없이 주눅이 들던 사회 분위기였다.

그 당시 아버지는 그 자체가 권위의 상징이었다. 집안의 형편이 어려워도 어머니와 형제들의 밥그릇에서는 좀처럼 보기 어려운 하얀 쌀도 아버지의 밥에는 항상 많았던 기억이 난다. 가끔가다 밥상에 오른 조기도 아버지의 몫이었고, 어쩌다 우리가 그것을 먹고자 하는 마음을 가졌을 때는 큰 죄를 짓는 일처럼 생각되었다. 어서 빨리 커서 아버지가 되고 싶다는 생각이 간절했던 시절이다.

하지만 아버지가 항상 그러한 '특권(特權)'만을 누린 것은 아니었다. 그에 비례한 책임을 떠맡았다. 현재 이른바 출세한 사람 중에는 아버지의 땀과 아버지의 가장 중요한 재산인 '소' 덕분에 지금의 자리에 오른 사람이 한둘이 아니라고 생각된다. 그 당시에는 농업이 아직도 우리 사회의 기간산업이었고, 지금처럼 영농기계가 있었던 것도 아니었다. 아버지를 비롯한 집안 식구의 땀과 외양간에서 천연덕스럽게 여물을 먹고 있던 소가 그 집안의 생계 문제를 해결하는 거의 유일한 수단이라고 해도 과언은 아니었다.

외국에서 우리나라를 바라볼 때, 가장 대표적인 것으로 생각하는 '높은 교육열'은 도농(都農)에 큰 차이가 없었다. 아버지들은 자식, 그중에서도 아들, 특히 큰아들을 대학으로 보냈다. 당시는 이른바 명문대학의 인기학과만 나와도 평생이 보장되리라고 믿는 사회였고, 또한 실제로 어느 정도 동안은 그러하였다. 집안의 '희망'인 아들이 학비가 없다는 소식이 들려오면 식구만큼 소중했던 소를 팔러 장으로 가셨다.

이제 사회의 중심 세력으로 성장한 40대 후반에서 50대가 된 아버지들은 흔히들 대접받지 못하는 세대들이라고 한다. 어려서는 가부장적인 사회에서 성장하고, 막상 아버지가 된 지금은 가정에서조차 자식 중심으로 흘러가고 있기 때문이다. 특히 필자가 속해 있는 40대 또래들은 가부장적인 전통에서 자라난 마지막 세대라서 더욱 혼란을 느끼고 있다. 아이들은 월급쟁이 아버지를 바라볼 때 '피곤한 사람', '밤늦게 집에 들어오는 사람', '직장에만 얽매이는 멋없는 사람', '돈 없고 찌든 사람' 등으로 바라보는 것 같다. 조사기관의 아버지 관련 조사 결과를 바라보아도 내 생각이 그리 틀린 것만 아닌 것을 확인할 수 있는 시대이다.

그러나 진부한 얘기가 될지 모르겠지만, 우리가 성장하던 젊은 시절인 1960~1970년대는 지금과는 크게 달랐다. 성실과 근면을 최고의 덕목으로 교육받아 부모님, 선생님과 사회가 '시키는' 대로 하기만 하면, 평생을 중산층 이상으로 살 수 있다는 생각으로 오직 앞만 쳐다보고 인생을 달려왔다. 그리고 어렸을 때 아버지가 우리에게 해준 것을 이제는 우리가 우리 자식에게 갚아야 한다고 생각하면서, 동시에 우리가 보아왔고 경험해왔던 예전 대로만 실현한다면 하늘나라에 가서 우리 아버지를 만날 때에도 부끄럼 없을 거라는 생각으로. 그리고 그렇게 하는 것이 인간적 도리의 참된 진가를 발휘할 수 있는 길이라고 생각하면서 말이다.

하지만 웬걸, 우리가 이제 조금 여유를 부릴 만한 세상을 맞이하니까 사정이 달라졌다. 자고 일어나서 보니까 갑자기 아버지들의 자리는 이상하게 변해 버렸다. 사회와 가정에서 요구하는 것이 변해 버렸다. 가정에서는 아버지의 권위가 사라지고, 직장에서는 회사의 생산성 제고라는 명분으로 일자리가 위험에 처하게 되었다. 경험 많은 아버지들이 사회와 가정에서의 지위 변화를 왜 모르겠는가? 그리고 아버지들이 살아오던 그 세월 자체가 엄청난 변화의 시기였으니 말이다. 컴퓨터를 못 다룬다고 무시해서 기분이 나쁘다는 얘기가 아니다. 아버지가 이루어 놓은 것들이 무시되는 것 같고, 아버지들을 이제는 쉬어야 하는 사람들로 바라보는 그 눈길들이 무섭고 서운하다는 이야기이다. 이른바 '조기명예퇴직'이라는 제도로 한창 일할 나이에 있는 아버지가 너무 일찍 고개를 숙이게 되었다. 게다가 연말에 힘으로 밀어붙여 통과시킨 개정 노동법상의 정리해고제도를 근거로 이제 40~50대 아버지들의 해고 위험은 더욱 커졌다.

그러나 40~50대의 아버지들은 이대로 물려서 나가기에는 그들의 능력과 경험이 너무 아깝다. 아직도 한창 일할 수 있는 그들을 아무 쓸모 없는 사람으로 내쫓는 일이 국가 전체적으로 얼마나 낭비인가! 또한 젊은이들에게 모든 사회적 일을 맡기기엔 이들의 서툰 능력과 얄팍한 경험 때문에 우린 너무 불안하다.

이제 우리는 다시 우리의 '아버지'와 아버지의 친구이면서 동시에 비서이고 재산이었던 '소'에게서 배워야 하리라 본다. 사정이 생겨서 '명예퇴직' 당하여 팔려 가는 '소'조차 또다시 우리 가족을 위해 헌신적인 봉사(?)를 하지 않는가! 아무리 세상이 변하였다고 하여 생산성의 제고라는 이유만으로 무조건 40~50대의 아버지를 정리해고 시키기보다는 그분들의 높은 경지에 이른 경험과 기술을 활용하는 방안의 강구(講究)가 국가와 사회의 책무로 여겨진다.

비록 40~50대 아버지들의 '조기명예퇴직'에 불가피한 사정이 있다고 해도 우리 사회를 한층 높은 단계로 도약시킨 이분들의 노고에 대한 고마움을 잊어서는 아니 되며, 이와 함께 이들을 우리 사회에 다시금 헌신할 수 있도록 배려함은 온전히 우리 모두의 몫이다. 가정이나 직장에서 이젠 머리를 숙여야 할 운명에 처한 오늘날의 아버지가 우리 가족과 사회를 위해 헌신적으로 일했다는 점을 모른 척할 수 없기 때문이다.

그래서 우리가 성장기에 보았던 아버지와 소, 당신들의 우직함과 이타심을 오늘날의 시점에서 다시 한번 재조명해 봐야 할 필요성을 절감한다. 지금까지 그분들에 대한 고마움과 감사함을 잊어버리고서 우리에게 닥친 어려움만 너무 앞세움이 최소한의 인간적 도리인가를 가만히 되새김질해 볼 필요가 있기 때문이다.

10

간통죄 폐지를 위한 변론[5)]

1992년 부산여성단체 공청회

간통은 혼인의 순결 의무를 저버린 나쁜 짓이기 때문에 해서는 안 되고, 또 그런 짓을 한 자는 도덕적으로 비난하여 간통을 근절하도록 우리 모두 노력해야 합니다. 그와 같은 간통으로 인해 평화로운 가정이 파괴되는 것은 용납할 수 없는 죄악이기 때문입니다. 그러나 간통했다고 해서 무조건 형벌로 처벌하는 것은 문제가 있기에 결론부터 말씀드리자면 간통죄는 폐지하는 것이 존치하는 것보다 더 큰 정당성이 있다고 봅

5) 배우자가 있는 사람이 배우자가 아닌 사람과 성관계를 가진 경우 그 사람과 상간자를 처벌하기 위한 법 조항으로 1953년 형법에 명시되었다. 2015년 2월 26일 헌법재판소가 해당 조항에 대해 위헌을 결정하여 간통죄는 62년 만에 폐지되었다.

니다. 왜냐하면 우리가 형벌의 성격을 직시해 볼 때, 형벌은 인간의 기본적 인권과 존엄성을 유린하여 인간에게 참을 수 없는 고통을 의미합니다. 이 때문에 도덕적으로 비난할 만한 행위가 있다고 해서 무조건 형벌을 가할 수 있는 것이 아니라, 형벌은 사회생활상 본질적으로 중요한 법익의 보호를 위해서만 사용되어야 하고, 그것도 다른 수단으로 효과가 없을 때 오직 최후의 수단으로서만 사용되어야 합니다.

그러므로 간통행위의 근절이 필요하다고 해서 무조건 형벌로 제재해야 할 정당성이 있는가를 1차적으로 검토할 필요가 있습니다. 더 나아가 간통행위를 실질적으로 방지하기 위해서 간통죄의 존치가 불가피하게 필요한 것인지, 그리고 현행법상이나 형법 개정안의 간통죄 규정이 간통 방지에 효율적인가 하는 점도 명백히 규명할 필요가 있습니다.

첫 번째 문제에 관해서 같이 한번 생각해 봅시다. “법률은 남의 집 문턱으로 들어가서는 안 된다.”는 법률속담이 있습니다. 이 말은 부부간의 성(性) 문제는 부부 자신들에게 맡길 일이지, 국가가 개입해서는 안 된다는 이야기입니다. 부부간의 개인적 문제는 오직 부부간의 자율적 의사로 해결하는 것이 자유주의를 기본이념으로 하는 우리의 헌법정신에도 어울릴 뿐만 아니라, 개인의 자유 확보를 위해서도 필요한 것입니다. 부부간의 성 문제와 같은 윤리적 문제를 국가가 간섭하도록 하는 사상이 진하면 진할수록, 그런 국가들은 결국 가치일원

주의의 국가로 전락하여 자유를 무제한 박탈하는 독재국가의 첫걸음이 되었다는 점은 세계 역사가 가르쳐주고 있습니다. 그렇다면 인간성을 파괴하는 형벌은 그 최후수단적 성격 때문에 오직 사회생활상 정말 불가피하게 필요하고 중요한 본질적 법익침해에 한정하여 행사되도록 하여야지, 부부간의 성 문제에까지 국가가 형벌이라는 수단으로 개입하는 것은 우리가 철저히 배척해야 할 형법의 지나친 국가 간섭주의와 도덕화를 의미합니다. 즉 형법은 간통죄와 같은 지나친 윤리적인 군살을 제거해야 합니다. 따라서 간통죄는 지나친 윤리적인 형법이기 때문에 존치시켜야 할 정당성이 없습니다.

두 번째 문제인 간통죄의 존치 필요성에 대해서 짚고 넘어가야 할 부분이 있습니다. 각종 여론조사에 의하면 많은 사람이 간통죄의 존치를 찬성하고 있고, 그 주된 이유는 간통죄가 있는 오늘날에도 간통이 근절되지 않고 있는 사정인데, 만약 간통죄 규정이 없다면 우리 사회의 성윤리는 어떻게 될 것인지 자명하기 때문이랍니다. 그럴듯한 논리이기는 하나 경험적인 근거가 없는 주장입니다. 왜냐하면 간통을 한 자의 대부분은 그것을 범죄로 인식하기보다는 꿀맛 같은 사랑이라는 생각에 근거하고 있기에 형벌에 의한 제재는 간통 억제의 법적인 실효성이 별로 없기 때문입니다. 간통을 한 자는 상간자와 서로 좋아서 간통하기에, 그 간통으로 처벌받게 된다는 두려움 때문에 하고 싶은 간통이 쉽게 억제되는 것은 아닙니다. 제

2차 세계대전 이후 많은 나라에서 간통죄가 폐지되었고, 그 폐지된 국가들에서도 한결같이 성 윤리의 문란을 문제 삼아 간통죄의 폐지를 반대했지만, 막상 간통죄를 폐지한 후에 간통죄 규정을 부활하자는 주장이 없다는 사실을 미루어 보아도 간통죄가 폐지되면 성 윤리가 문란해져 사회적 문제가 된다는 등식은 성립하지 않음을 입증한 것입니다. 경험적으로 보아도 내적 양심이나 사회적 비난이 무서워서 간통을 안 하는 것이지, 징역형이나 벌금이 무섭기에 간통하지 않는 경우란 지극히 예외에 속한다는 점입니다. 특히 지적하고 싶은 것은 간통에 대한 국민의 법의식은 간통죄가 갖는 사회적 의미를 제대로 파악하고 있지 못하다는 점에 있습니다. 그 점을 극명하게 보여주는 예로는 낙태죄와의 관계에서 볼 수 있는데, 태아의 생명을 잔인하게 침해하는 낙태죄에 대해서는 이상스럽게도 그 폐지를 찬성하는 사람이 대부분이면서, 이혼율이 인구 1,000명당 약 2명에 불과한 우리의 현실에서 성에 대한 개인의 자율적 자기결정권을 문제 삼는 간통죄에 대해서는 국민의 다수가 존치를 주장하고 있다는 현상입니다. 이는 국민의 법의식에 관한 조사에 많은 문제점과 한계가 있다는 사실을 입증한 것이며, 따라서 간통죄의 존폐론에 관한 여론조사 수치의 많고 적음이 간통죄 존폐 논의의 결정적 논거가 될 수 없습니다.

세 번째 문제인 간통죄 규정 개정안의 효율성에 대해서

살펴봅시다. 형법개정안은 제325조에서 간통한 자에 대하여 배우자의 고소가 있어야 공소를 제기할 수 있다고 하고 있습니다. 즉 간통한 배우자에 대하여 가정법원에 먼저 이혼소송을 제기하여야 간통죄로 고소할 수 있으며, 이런 사실이 있어야 간통 여부에 관한 수사를 할 수 있는 것입니다. 그러나 그런 식의 규정 방식으로는 간통 방지에 대한 효력이 별로 없을 것입니다. 오히려 간통하면 무조건 이혼해야 하고, 국가는 이혼을 조건으로 하는 고소 없이도 간통 행위에 개입하여 수사하면서 "저 집 남편은 간통했네"라고 사회적으로 매장하거나 발각되지 않은 간통 행위도 발본색원하여 처벌할 때에서야 비로소 간통 억제의 효과가 있게 됩니다. 그러나 그런 식으로 규정하면 국가는 오히려 가정생활에 개입하여 이혼을 조장하는 역할을 한 셈이 되고, 원하지도 않는 불필요한 소송이 필연적으로 많이 발생하기에 시대의 흐름에 역행하는 규정이 될 것입니다.

끝으로 간통의 처벌목적은 간통을 한 자에 대한 복수에 있는 것이 아니라, 간통을 범한 죄악만큼 비난함으로써 장래에 다시는 간통하지 못하게 하는 데 있어야 합니다. 그러나 간통죄에 대한 처벌의 현실은 더 많은 손해배상을 받기 위하거나 복수심 많은 자의 복수심의 만족을 채워주는 수단으로 전락하고 있다는 점은 간통죄 규정이 본래의 기능을 수행하지 못하고 있다는 점을 보여준 것입니다. 간통죄는 그 밖에도 간통죄에 근거한 처벌로 인해 재결합의 여지가 말살되며, 책임 없는 자녀들에게도 치명적인 상처를 주고, 특정인을 사회적으로 매장하는 수단이 될 수 있을 뿐만 아니라, 일시 탈선한 부녀자에 대하여 제비족 등 폭력배들의 협박 수단으로 이용될 수 있다는 역기능이 있습니다.

이러한 점들을 고려하여 볼 때 간통은 도덕적으로 비난받아 마땅하지만, 그러나 형벌에 의한 처벌은 순기능보다는 역기능이 많기에, 간통죄를 폐지함이 헌법상 성적 자기결정권을 보장하는 데 유리하다고 생각됩니다. 그러나 간통죄의 폐지가 간통 행위의 찬양을 의미하지 않으며, 부부 사랑이 진하면 진할수록 간통은 이에 비례하여 근절되는 방향으로 간다는 점에서 부부의 진한 사랑이야말로 건강한 사회의 형성에 크나큰 역할을 합니다.

Chapter

2

정의사회의 조건

11

정의사회를 이룩하려면

동아대학보 1997년 3월 3일

지금껏 정의론은 개인에게 분배될 수 있는 대상에 한정하여, 그것을 어떻게 분배하느냐를 문제 삼아왔습니다. 즉 "각자에게 그의 것을 갖게 하는 항구적인 상태"라는 표현이 고전적인 '정의(正義)'에 대한 최고의 정의(定義)였습니다. 그러나 이 문장을 분석해 보면 결국 "최적의 분배가 가장 정의로운 상태이다"라는 내용의 순환에 불과합니다. 정의로운 상태(즉 최고의 정의)는 각자에게 그의 것을 주는 것(즉 가장 정의로운 상태), 바로 그런 것을 '정의(正義)'라고 부르기 때문입니다.

그런데 여기서는 오직 특정 개인에 대한 분배만을 생각하고 있기에 처음부터 분배해야 하는 대상이나 분배할 목적물을 얼마나 갖고 있느냐에 대해 관심이 없습니다. 그러기에 정의란 법 앞에 평등한 것으로 만족했고, 같은 맥락에서 정의에서도 정의의 형식만을 따졌지, 정의의 내용을 전혀 문제 삼지 않습니다. 그렇게 되니까 예를 들어 분배해야 할 것이 상대적으로 아주 빈약하거나 전혀 없다면, 평등이란 실질적으로 아무 의미가 없게 됩니다. 정의에 있어서 핵심적인 요소인 평등의 개념이 실질적으로 그 기능을 잃을 때, 그때에는 정의가 없는 것이나 다를 바 없기 때문입니다. 그렇기에 정의의 개념에는 분배해야 대상의 생산성이 포함되는 경우를 배제할 수 없습니다. 이런 경우 어떻게 하면 최적의 생산을 할 수 있는지의 효율성을 고려해야 합니다. 즉 최소의 비용으로 최고의 생산 효과를 기할 수 있는 체제(體制)가 필요하게 됩니다. 그렇지만 제아무리 생산성이 효율적이라 하더라도 그 때문에 특정한 집단이나 개인의 기본적 인권을 침해하는 생산성은 정의사회에서 용납될 수 없습니다. 그것은 인간적 삶의 질을 침해하기에 진정한 정의일 수 없습니다. 정의사회에서는 타인의 기본권보장이 필수적이기 때문입니다.

이러한 관점에서 볼 때 "정의(正義)는 사람과 사람 사이의 긴장 관계를 최소로 줄이려는 활동이자, 인간관계를 아름다운 생산관계로 최대한 확보하려는 활동"이라는 생각이 듭니다. 이런 생각을 하니까 그러면 첫째로 정의는 단순히 개인적인 문제라기보다는 사회적 문제에 관계를 맺는다고 여겨집니다. 왜냐하면 혼자만 있을 때는 정의가 무의미하고, 사회적 갈등의 문제가 야기되지 않기 때문입니다. 따라서 정의는 개인적 정의보다는 오히려 사회적 정의에서 문제 됩니다.

둘째로 정의는 사람 사이의 긴장 관계 속에서 형성합니다. 정의는 사람과 사람의 관계이기 때문에, 인간관계는 인간 상호 간의 갈등과 충돌 또는 상호협조 등의 다양한 관계로 형성됩니다. 다양한 인간관계에서 정의관계의 설정은 인간 사이에 갈등이 생길 때 어떻게 하면 정당하면서도 효율적으로 그 갈등관계를 완화 내지 해소할 수 있느냐의 방식으로 맞추어져야 합니다. 따라서 정의는 단순히 그러한 긴장관계를 최소의 비용으로 최대한 줄이려는 노력에만 그칠 것이 아니라, 정당한 절차와 방법이 허용되는 범위로 한정된다는 점을 주목해야 합니다.

셋째로 정의는 인간관계를 가능하다면 아름다운 생산관계로 전환 내지 확보하려는 노력입니다. 갈등의 해소는 대부분 적정한 분배나 평등한 분배를 통해서 해결할 수 있지만, 그러나 분배의 해결만으로는 타인 간의 갈등관계는 해소될 수 있을지언정 개개인들의 삶의 질은 관심 밖의 문제가 됩니다. 인간적 삶의 질의 확보와 그 제고가 정의에 있어서 핵심적 요소임을 부인하기 어렵기 때문에, 올바른 분배를 하면서 또다시 더 많은 분배를 할 수 있도록 분배 물의 생산성의 제고는 정의로운 사회를 형성하는데 불가피합니다. 분배할 내용이 없으면 분배는 무의미하고, 분배 물의 생산성을 제고(提高)할 수 있어야 비로소 지속적인 분배가 가능하게 되기 때문입니다.

넷째로 정의는 완성되거나 완결해진 상태가 아니라, 정의로운 세계라는 구심점을 향하여 추구되는 과정의 문제입니다. 그러니 주어진 상태 속에서도 정의로운 관계가 되도록 최선의 노력을 다하는 것이 필요합니다.

인간이 인간답게 살기 위해서 제일 중요한 것은 무엇보다도 인간의 삶의 질을 제고하는 데 있습니다. 이것을 위해 정의는 그 수단으로서 작용하는 것에 불과합니다. 인간이 사회정의의 실현을 위해 살아가는 데에 제1차적 목적이 있는 것이 아니라, 삶의 질을 높이기 위해 정의를 추구하기 때문입니다.

그렇다면 정의로운 삶을 위해 우리는 어떻게 살아야 할 것인가? 그것은 단순히 분배의 평등만을 관철하는 행동으로 나타나서는 안 됩니다. 공정한 분배는 정의사회를 건설하는데 불가피한 것이긴 하지만, 이와 함께 더 많이 분배될 수 있도록 최적의 확대 재생산을 제공하는 기회의 제공 가능성도 역시 중시해야 합니다. 이런 가능성이 있는 사회 속에서야 비로소 자신의 인격성을 꽃피울 수 있는 정의사회가 될 수 있습니다.

정의사회에선 우리 모두 건강이 허락하는 한 자신의 작품 활동에 매진해야 합니다. 특히 맡은 바의 직분을 충실히 수행해야 합니다. 일에 대한 성실한 노력 없이 정의사회란 존재할 수 없습니다. 그리고 자신이 행한 일에 대해 스스로 책임을 지는 자세가 필요합니다. 책임지는 자세 없이 모든 일을 남의 탓으로 돌리는 태도는 정의로운 사회건설의 걸림돌입니다. 또한 상대방을 인격체로 존중하고 이해하고 신뢰하는 마음가짐을 갖도록 노력해야 합니다. 타인에 대해 어떤 생각을 하는지가 그 사람과의 인간관계는 갈등관계로 되느냐 아니면 협조관계가 되느냐가 됩니다. 그 때문에 우리 스스로 상대방을 정말로 깊게 이해하고, 사랑하면서 능력이 미치는 범위에서 남을 도우면서 더불어 살아가려는 노력이 필요합니다. 이러한 생활태도는 총체적 난국에 처해있는 오늘의 우리 모두에게 무엇보다 중요합니다.

12

'정의'와 '정답'을 다루는 태도[1)]

2024년 3월 22일

인간의 삶을 평화스럽고 행복스럽게 형성하는 데 필수적으로 존재해야 할 것들은 차고 넘친다. 물론 인간적 삶에 전혀 도움이 되지 못하는 것도 부지기수로 많지만. 그런가 하면 실체적으로 존재하지 않으면서도 인간적 삶에서 중요한 역할을 담당하는 관념적 존재를 인정해야 하는 경우도 적지 않다. 그래서 실체가 없는 관념적 존재성을 적절히 이해하고, 이를 합리적으로 다루는 태도가 필요하다. 그렇다면 인간적 삶에서 실체적으로 존재하고 있지 않지만, 인간적 삶을 누리는 데 불

1) 이 글은 이정희 딜로이트 안진회계법인 회장이 쓴 [매경춘추] "세상에 없는 것 세 가지"에서 아이디어를 얻어서 보완한 내용임.

가피한 관념적 존재는 무엇일까?

필자는 그것을 '정의'와 '정답'이라고 말하고 싶다. 정의는 개념적으로 존재하지만, 실체적으로 존재하지 않는다. 상상의 세계에서 형성된 것이고 가치의 문제이지, 실체가 아니기 때문이다. 상상이나 가치의 세계에서만 정의는 존재할 수 있기에 그것을 손으로 만질 수 있거나 눈으로 볼 수 있는 것이 아니다.

그렇지만 정의의 존재를 믿는다는 사고방식은 매우 중요한 태도다. 왜냐하면 인간의 인지능력은 상상의 세계를 구축하였고, 상상의 세계에서 구축된 인간적 도리나 정의로운 생활 태도는 인위적 건축물로서 인간의 어떤 행동이 옳고 틀린지에 관해 일정한 가치 기준으로 작동되고 있으며, 인간의 삶에서 발생한 각종의 충돌과 갈등은 상상의 세계에서 구축된 정의의 기준으로 해결할 수 있다고 믿기 때문이다. 물론 정의로운 상황은 항구적일 수 없다. 그때그때의 상황과 환경에 따라 갈등의 최소화나 분배의 최적화 혹은 생산성의 최대치가 달라질 수 있다는 점에서 정의로운 상태는 가변적인 면도 없지 않다. 그러기에 정의가 존재하지 않는다는 견해가 불가능하지 않은 면도 존재한다.

그러나 정의가 인간의 삶 속에 존재할 수 없다는 사고는 매우 위험하다. 왜냐하면 이러한 사고방식은 가치상대주의에 빠져, 그때그때 권력자나 힘 있는 자의 자의(恣意)에 따른 권력 행사조차도 정의로운 것으로 쉽게 포장할 수 있기 때문이다. 이러한 태도는 인간적인 삶에서 치명적인 약점을 들어낸다. 다수의 분위기에 걸맞은 태도가 언제나 진리이자 정의라고 말할 수 없기 때문이다. 아울러 절대적 권력자에 대한 무조건적 추종 역시 개개인의 건강한 삶을 살찌게 하기보다는 오히려 사회적 병폐를 누적한다는 역사적 증거는 수없이 많지 않은가? 그러기에 무엇이 인간적 삶을 정의롭게 누릴 수 있는지는 시대와 상황에 따라 달라질 수 있지만, 그런 속에서도 언제나 진리와 정의의 기준이 작동되어야 하고, 이 또한 우리가 믿어야 할 숙명이다. 왜냐하면 모두가 이 세상엔 정의가 없다고 믿으면 믿을수록 세상은 더욱 갈등과 약육강식에 빠져들어 악순환하게 되기 때문이다.

인간적 삶에는 정답이 존재하지 않는다고 말하는 사람이 많다. 그러나 인간적인 삶의 진정한 의미가 무엇인가를 물을 때, 우린 정답이나 정답에 가까운 삶의 방식으로 답해야 한다. 인간적 삶에 정답이 없다고 하여 허투루 살아가는 일상조차 바람직한 삶으로 포장할 수 없기 때문이다.

우리가 무언가 생각할 때면 언제나 시간과 공간의 개념을 전제로 하기에 시간이나 공간의 개념은 우리의 사고를 형성하는 틀이다. 우리의 사고는 이 틀 속에서 내재하여 있다는 점에서 공간 속의 두 점 간의 가장 짧은 거리가 직선이라고 말할 수 있다. 이런 점에서 자연과학 분야는 정답을 가지고 있다.

수학이나 물리학에서 보듯이. 다만 자연의 법칙도 양자역학의 관점에서 볼 때 과학의 세계에서도 불변의 공식이나 진리는 존재하기 어렵다는 측면도 없지 않다. 그러나 그런 경우도 통계학적 관찰로 정답의 관념을 충분히 그릴 수 있지 않은가?

인문학적 관점에서도 인간적 삶을 누리는데 어떠한 삶이 정의롭고 올바른 것인지에 관해 정답이 필요하다. 다만 영구불변한 하나의 정답만이 존재한다고 할 수 없을 뿐이다. 왜냐하면 인생의 여정을 멋지게 살아가는 데에는 한 가지 길만 있지 않기 때문이다. 이뿐만 아니라 어제의 정답이 오늘도 유효하다고 장담할 수 없는 면도 있다. 각 인간의 삶을 둘러싼 세계는 끊임없는 변화의 소용돌이 속에 처해있고, 그 소용돌이 속에서 사는 인간적인 삶 역시 시시각각의 환경뿐만 아니라 가치판단으로 적응해야 한다. 이런 점에서 인간적 삶의 세계에서는 과거의 성공 경험이 다시금 성공을 담보하거나 보장하지도 않는다. 실패로 귀결되는 경우가 많기 때문이다. '내가 해봐서 아는데' 식의 접근은 역사적 퇴행으로 귀결되기 쉽다. 그보다는 주변의 환경과 세상사의 이치에 관해 열린 마음과 공감 능력이 무엇보다 중요하다.

자신의 견해가 현재의 시점에서 오류를 범할 수 있다는 마음과 자신의 판단이 적절치 않을 수 있다는 태도가 요구된다. 자신의 의견만 정답이라는 주장은 다른 이의 견해에 대한 편견과 배제의 논리로 이어져 미래를 살아가야 하는 건강한 공동체의 형상을 해치기 쉽다. 타인의 존재와 다른 의견을 수용하고 숙고하는 자세, 거기서 공통점을 발견하고 다음 단계의 대화를 추구하는 공동의 노력이 요구된다. 바로 이 지점에서 인간적 삶에는 나름의 정답이 있음을 보여준다. 그것은 자신에게 주어진 사명을 다할 수 있도록 매사의 일을 허투루 보내지 않고, 남을 배려하는 삶을 누리는 생활 태도라고 여겨진다.

우리가 현재 당면한 삶의 문제는 외관에 불과할 수 있고, 과거의 그것과 다른 문제일 수 있다. 이를 해결하려는데 정답이 없을 수 없으며, 그것은 현시대와 상황에 따른 올바른 안목의 조성과 기준, 그리고 새로운 상황에 걸맞은 풍부한 상상력이 필요하다. 기존의 상황에 맞은 정답의 존재를 인정하고, 과거에 이런 방식으로 성공했다고 고집부리면 문제의 해결에 지장을 초래한다. 현시대의 변화된 상황과 변수를 고려하지 않는 완고한 태도를 고수한다면 새로운 시대를 헤쳐 나가는데 어렵게 할 뿐이다. 그러므로 이 세상엔 정답이 없는 것이 아니라, 고정된 틀이나 사고방식으로는 정답을 찾을 수 없을 뿐이다.

13

정의사회의 조건

부산매일, 1997년 3월

만일 사람이 혼자 산다면 정의도 진실도 필요 없을 것이다. 사람은 함께 살아야 하기에 사람과 사람 사이에 긴장관계가 필연적으로 생기게 되고, 갈등이 태생적(胎生的)으로 존재하게 된다. 거기서 생긴 갈등은 해결할 방식의 모색을 통해서 예외적으로 사회를 풍부하게 해주는 생산적인 면이 전혀 없는 것은 아니지만, 대부분 그 갈등으로 인하여 불편한 관계가 성립된다. 불편한 관계는 개인 상호 간의 이익을 도모하거나 증대시켜주는 기능보다는 오히려 악화시키거나 공동선(共同善)의 추구에 악영향(惡影響)을 끼치는 경우가 대부분이다. 또한 갈등관계에 있는 이해당사자 상호 간에도 개인적인 불이익이 적지 않게 수반되는 점을 흔히 볼 수 있다. 따라서 그러한 갈등 관계는 될 수 있는 한, 줄여야 한다. 그러므로 사회 속에서 살 수밖에 없는 우리가 사회에서 이행해야 할 일은 무엇보다도 사람과 사람 사이의 긴장 관계를 최소의 비용으로 최대한 줄이면서, 상호 협력하는 사회를 일구는 데 있다. 인간관계는 사회 전체의 평화와 이익을 해치지 않으면서 개개인의 이익을 극대화 할 수 있는 관계 설정이 요구되는 것이다.

이러한 관계 설정을 위해 많은 사람이 고래(古來)로 정의로운 사회관계의 모델을 규명하려고 노력했다. 그리고 그 하하는 정의를 사회 속의 각 개인에게 어떻게 하면 공평하게 분배할 것인가의 문제로 이해하였고, 다른 하나는 정의를 절대적인 것에서 찾으려고 하였다. 즉 정의란 절대적인 최고의 진선미에 도달된 상태이고, 그렇게 되기 위해서는 무엇이든지 개인에게 평등하게 분배가 이루어진 상태로 보려고 하였다.

하지만 이런 상태를 현실에서 실현하기도 어렵고, 실현된다고 하여도 진정한 정의의 형성이 이루어졌느냐 하는 점에서는 별로 실익도 크지 않다. 왜냐하면 무엇보다 분배될 것이 전혀 없으면 정의로운 분배란 이름에 불과할 뿐이며, 이는 언제나 충분한 생산수단과 생산활동이 전제되었을 때 생각해 볼 수 있는 차선의 문제이기 때문이다. 또한 정의롭게 분배하는 것이 정의라고 할지라도 '누가' 그런 역할을 제대로 수행할 수 있으며,

그것을 담보할 수 있는 제도적 장치는 무엇인지의 문제는 여전히 남는다.

오늘날 공산주의의 국가체제를 유지했던 나라들이 쇠락하여 경제적으로 궁핍하게 된 사례를 흔히 볼 수 있게 되었다. 이들 국가에서는 무엇보다도 국민의 사유재산권 인정이 비인도적이고 불평등한 사회현상을 초래한다고 생각하여, 모든 생산수단의 국가소유와 생산물의 평등한 분배를 지상과제로 국가시책을 수십 년 펼쳐온 결과, 국민의 복지를 증진하기보다 국민의 나태를 불러일으켜 생산성의 감소를 낳게 하였다. 그 결과 국민 삶의 수준은 질적으로나 양적으로나 퇴행하여, 결과적으로 공산주의의 경제정책은 실패하고 말았다.

이런 점에서 올바르고 적정한 평등만이 정의의 핵심적 본질이라고 이해한 것은 잘못된 것이다. 여기서는 정의를 평등의 문제로만 이해하고, 주어져 있는 것을 각 개인에게 평등하게 분배하는 것만을 생각했지, 그것이 사회적으로 어떤 생산적 영향과 시민의 삶과 질의 증진에 미친 효과가 무엇인지를 충분히 고려하지 않았다.

그러므로 정의에 대한 올바른 개념정리를 한다면, 정의란 어떤 절대적인 배분 상태에서 끝나는 것이 아니다. 정의는 인간이 차원 높은 사회생활을 영위하는데 불가피한 생활 관계를 문제 삼는다. 이때 정의는 사회를 구성하는 각 개인 모두에게 인간의 삶의 질을 증진하는 과정으로 이해되어야 한다. 그러기에 정의는 건강한 사회의 형성을 위해 올바른 배분의 실현과 효율적인 생산성을 지녀야 한다. 더 나아가서 구성원 개개인 모두에게 그들의 기본적인 생존권을 보장하는 것을 정의의 본질적인 내용이 되어야 한다. 이런 의미에서 정의는 사회성, 평등성, 생산성 그리고 정당성을 그 본질적 내용으로 품어야 한다.

14

수구꼴통과 사이비 진보를 넘어서 [2)]

2024년 3월 11일

경희대 채진원 교수가 "공화주의를 쉽게 이해하는 방법"이라는 글이 매체에 실렸다. 제목이 멋져 보여 클릭하여 읽었다.[3)] 분열과 갈등을 막고, 소통과 연대를 통하여 더 낫은 세상

2) 채진원 경희대 공공거버넌스연구소 교수가 '공화주의를 쉽게 이해하는 방법'이라는 글의 내용이 '반민주'의 원인과 배경을 고려했어야 옳았을 견해라는 생각에서 쓴 글임.

3) 채원진 교수는 이 글에서 필립 페팃의 "신공화주의"라는 단행본에서 주장했던 내용을 우리 현실에 대한 비판과 해결책으로 여긴 것으로 보였다. 왜냐하면 페팃은 '불간섭이나 소극적 자유'와 '정치참여를 통한 자기실현인 적극적 자유'라는 기존의 자유주의의 개념과 다른 '비지배자유'를 구체화하고, 이를 통해 개인의 자율성을 파괴하지 않으면서도 사회관계로부터 고립된 개인을 방치하지 않는 판단 근거를 제공함으로써 자유주의와 공화주의의 긴장 관계 해소에 도움이 되었다는 평가를 받고 있기 때문이다.

을 형성하자는 내용이었고, 그것은 나에겐 나름의 큰 울림을 불러일으켰다. 다만 글의 내용은 우리 사회의 역사적 맥락을 다소간 소홀히 하고 있어서 보충할 부분이 있어 보였다. 왜냐하면 그의 주장은 어쩌면 우리 사회에서 민주주의의 발전과정과 그 배경에 관한 논의를 등한시하고, 반면에 수구꼴통으로 대변되는 보수세력 주장과 일정 부분 일맥상통한 관점을 보였기 때문이다.

즉 한국의 보수세력 다수는 우리 사회의 근대화와 산업화는 국민의 수준 높은 역량이라기보다, 박정희 장군의 업적으로 달성되었다고 믿는다. 물론 채진원 교수가 이와 같은 생각을 가진 보수주의 논객의 대변인이라고 보기는 어렵다. 그의 논변 중에 어떤 부분도 수구꼴통을 일방적으로 대변하는 모습을 찾아볼 수 없기 때문이다. 다만 그는 민주화 세력들에 국한해서 산업화를 일군 쿠데타 세력과 함께 공화주의의 방식으로 공생하고 타협해야 한다고 요청한다. 그러면서 민주화 세력들에 대해 더 이상의 갈등을 분출해서는 사회적 혼란을 발생시키게 될 뿐이고, 21세기의 역동적 우리 모습에 발전의 걸림돌이 될 수 있음을 역설하면서 오늘날 민주화 세력의 민폐를 극복하는 글을 올렸다.

그의 이런 지적은 수긍이 가는 부분도 없지 않지만, 한국적 보수주의자들이 보인 수구꼴통의 행동 방식이 우리 사회에 끼친 거대한 민폐를 철저히 묵과하였다는 점에서 한쪽으로 치우친 글로 비추어진다.

글쓴이의 생각은 이렇다. "올해로 1919년 3·1운동에서 기원하는 민주공화국이 건설된 지 105년이 된다. 105년 된 지금 후손들은 민주공화국의 정신에 부합하는 나라를 건설했는지를 자문하고, 더 좋은 국가를 만들기 위한 방향 설정이 필요해 보인다."

우리나라에서 나타났던 민주주의의 한계를 비난하고, 이를 공화주의로 보완해야 한다는 그의 논리는 경청할 만하다. 그러나 그의 무조건적 공화주의적 해결 방식에는 문제가 있다. 왜냐하면 그는 반민주세력에 충실했거나 독재에 아부했던 분들이 우리 사회에 끼친 어두운 면을 충분히 고려하지 않았고, 이런 분들로 주축이 된 이른바 '수구꼴통'이라는 보수주의자들이 아직도 우리 사회의 기득권층으로 자리 잡고 활동하고 있는 모습을 외면하고 눈감아버렸기 때문이다.

국정의 올바른 방향을 설정하기 위한 문제점이 무엇이며, 우리 대한민국은 어떤 상황에 당면하고 있는지, 왜 그런 상황이 유래되었는지, 그리고 우리가 신봉하는 민주주의에 어떤 약점이 깊이 숨어 있는지, 그래서 우리는 이런 제반의 문제점을 어떻게 극복하여 모든 국민이 자기의 능력을 더욱 잘 꽃피울 수 있는 사회 체제로 나아가야 할지를 고민해야 한다.

채 교수의 말씀처럼 우리 사회는 이제 산업화와 민주화에 적잖게 성공했다. 선진국 반열에 들어섰고, K-컬쳐로 통칭된

한류가 세계적인 관심사를 넘어서 세계의 젊은이들에게 깊은 영향을 전파하고 있다. 이러한 상황임에도 불구하고 우리는 아직도 대기업 중심의 경제정책과 비정규직 임금차별 등에 따른 경제 양극화와 이로 인한 빈부격차의 심화, 왜곡된 성(性) 문화 그리고 사이비 진보와 사이비 보수의 대결로 힘든 상황을 겪고 있다.

우리의 이런 모습을 완화하거나 극복함이 우리의 시대적 과제임이 틀림없다. 이런 점에서 채진원 교수의 진단은 과히 틀리지 않아 보인다. 다만 그가 해결책으로 제시한 "공화주의의 방식으로 공생하고 타협의 필요성"을 해결하기 위해 다음과 같은 전제가 필요하다고 생각한다.

① 우리는 이승만 독재정권을 비롯해 쿠데타로 정권을 탈취한 박정희의 독재와 그 유산이 얼마나 국가의 공권력을 남용하고 국민의 인권을 유린하였는지 파악해야 한다.[4] 독재정권 시절 헌법상 보장된 국민의 자유권마저 너무도 쉽게 박탈당했으며, 권력의 사유화로 이런 권력에 빌붙은 자들과 특정 지역 사람을 중심으로 경제적 이익 계층이 이루어졌다. 이러한 독재와 반민주를 청산하고 극복했던 일은 대학생을 비롯한 수많은 혈기 왕성한 사람이 피 흘리면서 투쟁하여 어렵사리

4) 이승만과 박정희는 1인 절대권력을 추구했다는 점에서 비슷하다. 이들은 자유민주주의체제를 거추장스럽고 비효율적인 것으로 생각했다. 그렇지만 삼권분립이나 다당제, 선거 등을 없앨 수는 없었기 때문에 그것을 형해화하거나 1인 지배체제에 봉사하도록 만들었다.

이루어졌다.

② 민주화를 어렵게 쟁취한 민주 세력은 이승만과 박정희 그리고 전두환의 추종 세력에 대한 철저한 청산을 유기했다. 그 결과 이들 독재자의 추종 세력은 요즘도 활개를 치고 민주화 세력을 평가절하하는 데 혈안이 되고 있다. 그러기에 이들 세력은 민주주의를 우민화의 상징으로 여기고, 독재자의 향수에서 벗어나지 못할 뿐만 아니라, 그 시절 느꼈던 향수를 잊지 못하고 요즘도 수단과 방법을 가리지 않고 자신들만의 이득에 눈독을 들이고 있다.

③ 앞에선 진보와 정의를 부르짖고, 뒤에선 수구꼴통과 다를 바 없는 일부 사이비 민주 세력의 행태가 국민에게 들켜버렸다. 이들 세력은 앞에서는 자유와 평등 그리고 정의를 외치면서, 뒤로는 자신들의 이익, 즉 돈과 학벌 그리고 명예를 챙기기에 바빴다. 공정과 정의의 추종을 신앙처럼 숭배해야 하는 '건강한 민주 세력'과 달리 이와 같은 사이비 민주화 세력이 상식을 초월한 부당한 추태를 국민에게 보여줌으로써 그 결과 건강한 민주화 세력까지 상당 부분 무력화시켰다.

오늘날 우리 사회에서 발생하고 있는 (이와 같은 이유 있는) 갖가지 갈등은 '남녀, 귀천 및 빈부의 계급이 없고 일체 평등한 대한민국'(1919년 대한민국 임시헌장[5] 제3조)이라는 비전의 거울에 비춰볼 때 민망한 수준이다.

5) 1919년 4월 11일 공포된 대한민국 임시정부의 첫 헌법.

군사독재가 끝난 지 이제 한 세대에 달한 27년의 세월이 흘러갔다. 산업과 문화도 발전하여 선진국 수준에 도달하였다. 다만 책임과 자유를 존중하는 진정한 보수를 찾아보기 힘들고, 일부 사이비 민주 세력의 양두구육 추태도 국민의 눈살을 찌푸리게 한다. 이런 면에서 우리 사회의 상황은 민주화 이전 그대로 머물러 있는 부분도 적지 않다. 특히 반민주에 편승하거나 독재에 빌붙거나 친했던 인간군상과 그 추종자들이 아직도 여전히 득세하고 있지 않은가?

왜 이렇게 우리의 사회상황은 민주화 이전의 단계에 상당 부분 고착하였을까? 이점에 관하여 물론 반민주화를 철저히 극복하지 못한 점도 한 이유이고, 그래서 수구꼴통들이 여전히 활개 치고 다니며, 게다가 사이비 민주 세력의 불의와 부패도 한몫했다. 또한 일제의 식민지 시대 부역했던 자들에 대한 척결도 '모스코바 삼상회의(三相會議)[6]'에 관해 당시 동아일보의 잘못된 보도로 인해 파묻혀 흐지부지되었다. 이런 상황에 기인하여 '반독재민주주의론'의 연장선에 있는 민주 대 반민주, 진보 대 보수, 친일 대 반일, 민족 대 반민족, 기업 대 노조와 같은 진영 구도에 상당 부분 갇혀 있게 되었다.

그렇다고 이런 대립 구도에서 나오는 선악의 이분법적 언행이나 태도가 시대착오적인 논리라고 확인 사살하는 일은 다

6) 1945년 12월 16일부터 25일까지 소련의 모스크바에서 미국·영국·소련의 3개국 외상(外相)이 한반도의 신탁통치 문제를 포함한 7개 분야의 의제를 다룬 회의.

소 지나치다. 그렇게 될 수밖에 없게 했던 정치·경제·사회적 배경을 제대로 파악했더라면 동감하기 어려운 주장이다. 왜냐하면 반민주·독재와 그 추종 세력이 아직도 우리 사회에서 크게 활약하는 상황에서 이를 무조건적 반이분법적 사고방식이라고 매도하는 것은 결과적으로 불법적으로 방식으로 부를 축적한 쿠데타 세력이나 이에 빌붙은 자들을 위한 뻔뻔한 변론일 뿐이기 때문이다.

불행하게도 근자에 사이비 민주화 세력이 공정의 가치를 깊이 훼손하였던 일들이 불거졌다. 이들의 불공정에 대한 국민의 반응은 뜨거웠고, 법에 관한 공정성을 새롭게 주목하게 되었다. 다시 말해 사이비 민주 세력의 불의는 법의 공정성에 대한 국민의 긍정적 인식을 증가하게 했다는 점이다. 이런 점을 지식인들이 깊이 깨우치고, 이런 반성적 토대 위에서 공정과 정의의 길을 고민하고 행동으로 지향해야 할 것이다.

이런 관점에서 이제라도 한편으로 독재와 반민주를 찬양했던 자들과 그 추종 세력이 국정을 농단할 수 있는 자리를 차지할 수 없도록 철저히 교육하고, 다른 한편으로 양두구육의 탈을 쓴 사이비 민주 세력의 청산도 필요하다. 이런 바탕 위에서 개인의 자율성을 파괴하지 않으면서도 사회관계로부터 고립된 개인을 방치하지 않는 사회를 건설해야 한다. 그렇게 되기 위해서는 한편으로 권위주의자와 독재자를 아직도 미화하고 찬양하고 있는 자들과 사이비 진보세력의 활동을 척결하는 교육환경을 세우고, 건강한 진보나 보수세력의 확충과 중산층의 활성화를 도모하면서 세계화, 정보화, 탈물질화 등 탈경계의 시대 상황에 부합하도록 노력해야 한다.

15

질서는 편안하다

동아대학보 1995년 11월

그렇게 무덥던 올여름도 계절이라는 시간에는 어쩔 수 없는가 보다. 조석으로 쌀쌀할 뿐만 아니라, 법과대학 창밖으로 내다보이는 구덕산의 기슭에도 벌써 단풍의 빛이 역력히 드러내고 있으니 말이다. 말 없는 자연도 이곳의 지리 풍토에 어울리게 그 질서를 어김없이 지킬 때 우리는 그것을 고마워하고 아름다운 것으로 생각한다. 왜냐하면 자연이 계절의 질서를 제대로 지키지 않으면, 우리는 언제 어떠한 곤경에 처하게 될지 전전긍긍할 수밖에 없게 되고, 고통의 원천이자 재앙의 대상으로 생각되기 때문이다. 그러므로 자연도 그 계절의 질서에 순응할 때 아름다운 것처럼, 인간도 인간다운 질서를 유지할 때, 그 개인은 물론 세상도 편안하고 즐거운 것이 된다.

인간다운 질서는 사람이 사는 곳에서 언제나 필요하는 것이지만, 인간적 삶을 편안하게 하는 질서 있는 생활을 의미하지 않는다. 질서 있는 생활이란 우선적으로 자기 자신의 내부에서부터 순리에 따른 행동방식의 습관화로 영글어져야 한다. 인간 간의 상호 신뢰구축의 제1차적 토대는 외부적 강제가 아니라 자발적인 약속이행에서 출발하기 때문이다. 따라서 질서를 존중한 사람은 성실한 사람이다. 그리고 성실한 사람이란 우선 무엇보다 자기가 자기 자신을 속이지 않은 사람이다. 즉 자기 스스로와 한 약속을 철저히 준수한 사람이다. 자기 자신과의 약속을 저버려, 자기 자신조차 자기를 믿고 신뢰할 수 없다면, 누가 그런 자기를 믿어 줄 것이고 또한 믿어달라고 요구할 수 있겠는가. 자기가 자기 자신을 믿지 못한다면, 부모 형제도 친구도 그자를 믿지 못할 것이고, 부모 형제와 친구가 믿지 못할 자라면, 사회 일반인은 결코 그런 자를 믿고 신뢰할 수 없음은 당연한 이치이다. 우리가 인간사회를 떠나서는 인간다운 삶을 누릴 수 없다면, 어찌하든 우린 사회 속에서 살아야 할 것이다. 그런데 사회 일반인이 신뢰할 수 없는 자가 사회 일반인을 상대로 어떻게 성공한 삶을 누릴 수 있겠는가. 그러므로 우리는 우리 자신을 신뢰할 수 있도록 우선 자기 자신에게 충실해야 한다. 그러기 위해서는 자기가 한 약속은 철저히 준수해야 한다. 이것이야말로 질서 있는 삶의 첫걸음이라고 생각한다.

인간다운 질서를 위해 반드시 국가적이거나 헌법적인 것만 중요한 것은 아니다. 우리 주위의 사소한 것에서부터 그런 것들이 준수되어야 사회는 편안하고 아름다운 것이 된다. 예컨대 우리 대학의 구내매점에서조차 가끔 새치기하는 학생들을 볼 수 있다. 이런 것을 사소한 것으로 무시해 버릴 수 있다. 그러나 그것은 위험한 생각이다. 우리 사회 고질병 중의 하나가 다름이 아닌 우리가 즐겨하는(?) 새치기 문화라고 생각된다. 이것이 결국 컨닝을 시도하는 학생으로, 낙하산 인사로 발탁되기 위해 뛰는 사람들로, 차선을 지키지 않고 비어있는 공간으로 무조건 진입하려는 운전자로, 능력이 부족한 자식의 대학입학을 위해 입시부정을 자행하는 사람들로 변해, 온갖 수단과 방법으로 새치기하려고 하는 것이 오늘의 우리 현실이 아닌가. 새치기뿐만이 아니다. 연구나 강의 또는 토론을 위해 조용해야 할 대학 내에서도 우리 대학생들은 각종 집회나 행사 등으로 왜 그리 견딜 수 없을 정도의 소음과 소란을 야기하는지. 그런 행위들이 정당화될 수 있는 근거가 어디에 있을까? 그런 집회는 강당이나 수업이 없는 날에 하면 안 되는지 성숙한 대학생이라면 한 번쯤 생각해 볼 일이다.

요즘 국가적으로는 5·18 광주민주화운동에 대한 검찰의 이해할 수 없는 '공소권 없음' 결정으로 야당 인사뿐만 아니라,

불의를 용납하지 않는 대학생들, 수천 명의 교수, 변호사, 의사, 약사, 여성단체 등 각계각층의 다수 인사들의 조직적 저항이 점차 거세어지고 있다. 이는 당연한 일이다. 왜냐하면 5·18사태의 책임자들은 인륜에 반하는 행위를 범하였고, 이를 검찰 역시 확인하였으면서도 공소권을 남용하여 어처구니없게 이들에 대해 '공소권 없음'을 결정한 것은 헌법 질서와 법치국가원칙뿐만 아니라 통상의 질서 원칙에도 반하기 때문이다. 국가적으로 질서 있는 삶을 담보하기 위해서라도 검찰은 반인륜적 쿠데타에 대해 공소를 제기하고, 차제에 입법부도 그와 같은 범법행위에 관해 법률로 공소시효를 배제하는 것이 바람직하다.[7)]

7) 이후 1995년 11월 30일 검찰은 12·12 사건과 5·18 사건 특별수사본부를 구성하고 재수사에 착수하였다. 국회는 12월 21일, 1979년 12월 12일과 1980년 5월 18일을 전후하여 발생한 일련의 행위를 헌정질서 파괴범죄행위로 보고 이 범죄에 대한 공소시효의 진행을 해당 범죄행위의 종료일부터 1993년 2월 24일까지의 기간 동안 정지시키는 5·18 민주화운동 등에 관한 특별법을 제정하였다. 그러자 장세동 등 신군부 인사들은 위 특별법이 법률불소급원칙, 평등원칙, 권력분립원칙, 무죄추정원칙을 위반하였다는 이유로 헌법소원을 청구하였다. 헌법재판소는 이에 대해 합헌이라고 결정하였다. "이른바 12·12 및 5·18 사건의 경우 그 이전에 있었던 다른 헌정질서파괴범과 비교해 보면, 공소시효의 완성 여부에 관한 논의가 아직 진행 중이고, 집권과정에서 불법적 요소나 올바른 헌정사의 정립을 위한 과거청산의 요청에 미루어 볼 때 비록 특별법이 개별사건법률이라고 하더라도 입법을 정당화할 수 있는 공익이 인정될 수 있으므로 위 법률조항은 헌법에 위반되지 않는다.(헌재결 1996. 2. 16. 96헌가2)"

16

제헌절을 맞이하여

부산일보, 1992년

우리의 헌법은 우리 국민이 기본적 인권을 비롯한 제 권리를 충분히 누리게 하여 각자 그 능력을 최대한 꽃피울 수 있게 하는 제도적 보장 장치이다. 그런데도 지난 반세기의 우리 헌정사를 돌이켜보면 우리의 법률은 우리의 기본적 인권을 침해하고, 우리를 억압하게 한 위헌적 소지가 있는 경우가 적지 않았으며, 아직도 그런 법률이 잔존하고 있다. 특히 박정희 정권 시대의 긴급조치가 그랬고, 오늘날 국가보안법의 일부 규정이 그렇다.

또한 법을 운용하는 자도 위헌적인 악법에 대해 저항하거나 최소한 운용의 묘를 살려 신중하게 적용했어야 함에도, 악법도 법이라는 극단적 법실증주의적 사고(思考)에 입각하여 그대로 적용을 한 사례도 적지 않았다. 그뿐만 아니라 누구보다 준법정신에 투철해야 하는 국가 고위층의 일부는 주어진 권리나 권한을 남용하고, 의무를 방치함으로써 사회를 썩게 만든 경우도 허다했다.

불의가 판치는 곳에서 "그것은 법이 아닙니다"라고 말했어야 할 도덕적·법적 의무가 있는 법학교수, 법관, 검사, 변호사 그리고 책임 있는 자리에 앉은 사람들 상당수가 그 말을 하지 못했고, 더러는 불의에 편들기도 하였다. 경찰도 권위주의 정권의 구미에 걸맞게 행동했고, 국민은 안중에도 없었다. 그 결과 반인륜적 범죄행위를 처벌해야 할 법관이나 검찰은 독단과 자의에 찬 기준에 의해 법의 적용을 왜곡함으로써 처벌해야 할 범죄행위는 벌하지 않고, 처벌이 필요 없는 경우를 처벌하는 일이 벌어졌다. 권위주의 시대에는 권력자에 빌붙은 일부 법조인들이 사법살인을 자행까지 하였다. '인혁당재건위 사건'이 그런 사법살인의 전형이었다. 법치국가원칙을 핵심 내용으로 하는 우리나라에서 대법관들조차도 가당치도 않은 그런 짓거리를 보여줬다.

그래서 우리는 위와 같은 사례를 철저히 예방하기 위해 헌법에서 보장된 기본적 인권이 제대로 구현되도록 헌법과 헌법정신에 위배가 되는 왜곡행위의 처벌을 제도화해야 한다.

왜냐하면 우리 헌법 제103조는 법관에게 법률과 양심에 따라 판결할 수 있는 권한을 부여한바, 이 조문의 의미는 법관을 포함한 모든 법조인은 법치국가원칙에 걸맞게 법률적 근거와 양심에 따르는 정의의 이념으로 행동하라는 뜻으로 새겨지기 때문이다.

사형제도만 하더라도 형법에서 사형제도가 명시되어 있지 않다면, 헌법 제110조 제4항 단서가 의미가 없게 된다. 왜냐하면 헌법 제110조 제4항 단서는 형법상 사형제도의 존치를 전제로 삼고 있기 때문이다. 이것의 의미는 사형제도의 정당성 근거를 헌법에서 찾을 수 없고, 헌법의 하위법인 형법에서 근거를 찾고 있는바, 심지어 헌법재판관들조차 이런 문제의식을 찾아볼 수 없다.

지난날 본의 아니게 불의의 편에 섰던 사람들을 포함하여 우리 모두 정의의 편에서 "정의의 이념에 지향하지 않은 법률을 극복하려고 노력하고, 헌법에 반하는 악법은 법이 아니다."고 자신 있게 말하고 실천해야 한다. 그렇게 함으로써 헌법에 근거한 진정한 법치국가원칙이 실현될 수 있기에, 우리는 헌법이 보장하는 기본적 인권을 우리 모두 최대로 누릴 수 있는 사회의 형성에 매진해야 한다. 그러기 위해서는 법조인 모두가 무엇이 정의이고, 정의가 아닌가를 헌법과 양심에 비추어 살피고, 정의 관념에 따라서 말할 수 있는 용기와 실천하는 행동이 언제나 그리고 어디에서나 절실하다.

17

법관의 법왜곡 8)

법정신문, 1993년

대한변협이 법관들의 부조리 사례를 공개하자, 이를 접하는 시민은 실망을 넘어 분노하고 있다. 그러나 재조(在曹) 출신 변호사에 대하여 전관예우(前官禮遇)가 오늘의 일만은 아니고, 이미 오래전부터 불문율로 내려오고 있음은 알 만한 사람은 다 알고 있다. 언론매체들은 이것이 무슨 특별히 새로운 사실인 양 흥분하면서 법관의 타락과 부패를 매도하고 자성하라

8) 2018년 사법농단 의혹 사건을 계기로, 독일형법 제339조 법왜곡죄 규정("법관, 그 밖의 공직자 또는 중재법관이 법 사건을 주재하거나 결정하면서 당사자 일방에게 유리하게, 또는 불리하게 법을 유책하게 왜곡한 때에는 1년 이상 5년 이하의 자유형에 처한다.")을 참조하여, 법을 왜곡한 법관 또는 검사를 처벌하는 규정을 신설하려는 움직임이 계속되고 있다.

고 촉구하고 있다. 따지고 보면 일부 법관에게만 부조리가 있는 것은 아니고 이는 우리 사회 전체의 타락상의 일면일 뿐이다. 특히 요즈음 도덕성의 회복을 부르짖고 있는 일부 언론매체들의 지난날의 태도를 돌이켜 볼 때 이들이 변절에 변절을 거듭했던 점에 비한다면, 법관의 그 정도의 타락은 그다지 대단한 일이 아닌지도 모른다.

그러나 법관은 국민의 권익을 위한 제도적 목적 때문에 그 어느 기관의 그 누구보다도 신분을 보장받을 뿐만 아니라, 어떤 누구의 간섭도 받지 않는다. 법관은 오직 법과 양심에 따라 재판할 수 있는 사법권의 독립을 실제 행사하는 국가공무원이다. 공무원이기에 국민 전체에 대한 봉사자로서 공공이익을 위하여 성실하게 일해야 하는 의무와 청렴의무까지도 진다. 그렇기에 우리가 믿을 수 있는 최후의 보루는 다름이 아닌 법관이며, 법관까지 타락한다면 우리는 믿을 곳이 아무 데도 없다는 절망감과 극도의 불신 늪에 빠지게 될 것이다. 이 때문에 실추된 법관의 명예를 회복하여 국민이 믿고 의지할 곳을 마련하기 위해서 사람들은 법관에 대하여 "새로운 도덕성을 요구하는 사회의 변화를 법원은 직시해야 한다."라고 하거나 "사법권의 독립원칙상 그 부패와 타락의 방지와 척결은 법원 자체에서 철저히 이루어져야 한다."라는 투의 법원 측 자성을 촉구하고 있다. 즉 법관의 전관예우와 같은 문제들을 법원의 도덕성 문제로 치부하고 있다. 그러나 이처럼 도덕성 문제라고만 생각해 버린다면 전직 법관의 전관예우 문제는 척결될 수가 없을 것이다. 왜냐하면 어느 법관도 법관 정년에 걸리지 않는 법관은 없고, 또한 여러 이유로 정년 전에 퇴임하는 수도 많기에 그 자신도 전관예우의 대접을 받기 위해서는 그 선배들에 대하여 전관예우를 해주는 것은 극복할 수 없는 현실적 유혹이기 때문이다.

그러나 전관예우는 법관의 도덕성 문제가 아니라 마땅히 범죄로 비난할 만한 행위라는 점이다. 즉 전관예우가 결국 법관이 특정한 전직 법관 출신의 변호사가 수임한 사건을 특히 유리하게 처리하여 준다는 데 그 의미가 있다면, 이는 법관이 고의로 법적용을 왜곡한 것이다. 민사사건이나 형사사건에서 법관은 오직 법과 양심에 따라 법에 정해진 절차로 바른 법을 적용하는 일을 업무로 하고 있기에, 어떤 경우에도 정당한 법의 적용을 넘어서 일방 당사자에게 유리하게 자의적인 재량을 행사할 수 없는 것이다. 왜냐하면 법관은 국민이 법을 바르게 준수하고 있는가를 심사하는 지위에 있는 기관으로서 누구보다도 준법정신에 입각해서 판단할 의무를 지고 있기에, 직무수행 시 그 의무를 고의로 침해한다는 것은 중대한 불법을 범한 것이고 이는 마땅히 범죄로서 비난의 대상이 되어야 하기 때문이다.

법관의 부당한 판결이나 결정이 가져다주는 피해를 본다면, 사회적으로 사법권에 대한 불신을 가져다주는 것이며, 불이익을 당한 피해자의 입장에서 보면 국가기관이 고의적인 위법행위로 타인의 재산을 박탈하거나 생명과 신체의 자유까지도 침해하는 것이다. 우리나라도 사법부의 법왜곡에 의한 사법살인을 범한 적이 '인혁당 재건위 사건'[9] 등을 포함하여 한두 번도 아니지 않은가?

이러한 사법살인이나 법왜곡은 일반 개인의 불법적인 침해행위보다 더 무서운 일이어서 마땅히 형벌로써 제재해야 할 필요가 있다. 이 때문에 대만을 비롯하여 스페인, 노르웨이, 핀란드, 독일 등 많은 국가가 법왜곡죄를 두어 법관과 검사들의 불법적인 법왜곡으로 소송당사자의 일방에게 불리 또는 유리하게 한 경우에는 자유형으로 처벌할 수 있게 함으로써, 법관과 검사의 타락을 미연에 방지하고 있다.

9) 1974년 4월 25일 중앙정보부는 박정희의 유신정권에 대한 반대 투쟁을 벌여온 전국민주청년학생총연맹[약칭 민청학련]을 조사하던 중 그 배후에서 학생 시위와 민중폭동을 조종하던 인민혁명당 재건위원회[약칭 인혁당재건위]를 적발했다고 발표하였다. 그리고 인혁당재건위는 북한의 지령을 받아 정부를 전복하고 노동자, 농민에 의한 공산 정부 수립을 기도했다고 밝혔다. 이것이 이른바 인민혁명당 재건위원회 사건[약칭 인혁당재건위 사건]의 시작이다. 인혁당재건위 사건으로 구금된 이들에게는 가족과의 면회가 금지된 가운데 악랄한 고문이 자행되었으며, 날조된 공판조서를 바탕으로 비공개 상태에서 재판은 일사천리로 진행되었다. 그 결과 1975년 4월 8일 대법원에서 이수병, 김용원, 서도원, 도예종, 하재완, 송상진, 우홍선, 여정남은 사형이 확정되었다. 유진곤과 김한덕은 무기징역, 김종대는 징역 20년에 자격정지 15년을 선고받는 등 나머지 관련자들에게도 중형이 선고되었다. 대법원의 확정판결이 내려진 다음 날 1975년 4월 9일 새벽에 전격적으로 사형이 집행되었다. 실로 유례를 찾아보기 힘든 잔혹한 처사였다. 제네바에 본부를 둔 국제법률가협회는 이날을 '사법사상 암흑의 날'이라고 규정하였다. 무기징역 등을 선고받은 나머지 관련자들은 1982년 12월 25일 크리스마스 특사로 석방되었다. 인혁당재건위 사건은 2007년 1월 22일 서울중앙지법 재심공판에서 무죄가 선고되었다. 사건 발생 32년 만에 진실이 밝혀진 셈이다. 이로써 이 사건은 박정희 정권의 유신체제를 위협하는 민주화운동을 탄압하기 위해 고문으로 조작한 인권유린 사건이라는 사실이 밝혀짐과 동시에 독재정권의 잔악상이 만천하에 드러나게 되었다.

일부의 썩고 타락한 법관에 대하여 오직 도덕적인 질책과 자성하라는 촉구만으로는 현실적으로 정의로운 판결의 확보는 어렵다. 바로 이런 점을 감안하여 볼 때, 우리나라도 법을 왜곡하여 소송당사자 일방에게 유리하게 하거나 불리하게 한 법관 등은 형벌로써 제재하는 법왜곡죄를 신설하는 것이 긴요하다고 본다. 이와 아울러 법관의 자의적인 재량이 스며들 여지가 없도록 한편으로 형사 법관의 자의적 판단으로 양형을 법정형 이하로 감형할 수 있는 제53조 정상참작 감경 규정을 삭제하거나, 아니면 정상참작 감경 요소를 구체적으로 명시하여 법관의 자의적 판단을 통제할 수 있는 제도적 장치가 필요하며, 다른 한편으로 필요적 보석제도의 실질적인 확대 등 제도개선이 뒤따라야 할 것이다.

18

불쌍한 검찰

부산매일 1997년 3월

중소기업체 사장인 이영수 씨는 오늘날 우리의 검찰 수뇌부에 대해 다음과 같은 직격탄을 퍼부었다. "새로운 역사의 물길을 잡아야 하는 이 중차대한 순간에 이 나라 개혁에 가장 큰 걸림돌이 되는 것이 있다면 그것은 바로 부패하고 무능하면서도 교활하고 줄을 잘 타는 검찰의 수뇌부들임을 검찰 스스로는 알아야 한다." 많은 사람은 이에 대해 박수갈채를 보냈고, 일부 검사들은 그런 비난에 대해 매우 격분했다는 언론보도가 있었다.

결론부터 말하자면 이와 같은 비난은 다소 지나친 면이

없지 않다. 왜냐하면 첫째로 검찰은 매년 약 200만 건 정도의 사건을 처리하고 있고, 이들 사건 대부분은 정치권의 눈치를 살피지 않으며, 국민의 권익 보호와 공공의 안녕질서유지를 위해서 어떻게 처분하는 것이 옳은가를 고민하면서 처리되고 있다는 점이다. 둘째로 고작 1,000명[10]이 약간 넘은 검찰의 인력으로 그 많은 사건을 제때 처리하기 위해서 일선 검찰은 매일 눈코 뜰 사이 없이 바쁘다. 특히 월말이면 일반 시민들의 생각 이상으로 격무(激務)에 시달리고 있다. 셋째로 힘 있는 사람들은 검사들이 업무를 적정하게 행사할 수 있도록 도와주기는커녕, 오히려 검찰권의 행사가 왜곡되도록 온갖 영향력을 행사하였던 우리의 과거사를 간과해서는 안 될 것이다. 더욱이 정치권이 정권 유지나 정권 창출의 수단으로 검찰을 이용하려는 후진사회 형태의 의식 수준에서 누가 검찰 수뇌부가 되더라도 검찰 수뇌부의 행태가 지금보다 근본적으로 달라진다고 할 수 있을까? 그럴 가능성이 희박하리라고 본다면, 누가 감히 검찰들을 이 나라 개혁에 가장 큰 걸림돌이라고 하면서 돌을 던질 수 있겠는가? 무조건 검찰을 매도만 하는 것은 결국 검찰의 순기능조차 약화시킬 수 있다.

이처럼 검사들을 이해한다 해도 문민정부를 기치로 내세운 현 정부 아래서 벌어진 최근의 일련의 사태를 보면 검찰

10) 현행 검사정원법 제1조(검사의 정원) 「검찰청법」 제36조 제1항에 따라 검사의 정원을 2,292명으로 한다.

수뢰부는 그 중소기업체 사장의 격한 비난에 대해 상당 부분 감수해야 할 것이다. 왜냐하면 검찰은 법을 제대로 준수하고 있는가를 감시하는 역할을 하는 기관이기 때문에 다른 누구보다도 준법정신에 철저해야 한다. 특히 사회적으로 아주 중요한 사건일수록 그 사건처리에 대해 검찰권의 행사는 더욱 정당해야 한다. 그러한 사안에 대해 검찰의 자의가 엿보인 법 적용은 한편으로는 국민의 준법의식을 일거에 깨뜨려 버리는 일이고, 다른 한편으로는 검찰에 의한 정의 사회 실현은 허구임을 확인하는 일이다.

그런데도 국가 경제를 파국으로 치닫게 하고 온 국민의 정신을 혼란케 했던 한보 사태에 대한 검찰권 행사는 자유민주주의를 신봉하는 국가에서 도저히 납득할 수 없는 수준이었다. 검찰의 수사는 성역이 없어야 함에도 그러지 않았고, 대출외압의 실체를 밝히는 데 중점을 두어야 함에도 정부·여당에 대해서는 주변 인물이나 이른바 깃털만을 처벌하려는 나약한 모습을 보여주면서, 야당에 대해서는 대출외압과는 상관없는 일을 한보 사태에 관련시키려고 노력하였다. 또한 4·11총선 사범에 대해서도 검찰은 정부·여당에 대해 한없이 관용을 베풀어 준 반면, 야당에 대해서는 가혹하게 선거법을 적용하는 이중성을 보여주었음은 최근 법원의 재정신청결정에서 확인되었다. 법원은 검찰의 4·11총선 부정 수사 결과를 믿지 않고 현역의원 7명을 포함한 9건의 재정신청을 받아들였다. 이 9건

중 8건이 신한국당 의원과 관련되었다.

국가적으로 중차대한 사건들에 대한 그와 같은 편파수사나 부실수사는 결국 검사들의 몫으로 돌아간다. 그 때문에 수많은 일반사건에 대해 사회정의를 실현하기 위해 불철주야 노력하는 대부분 검사들의 모습까지도 보이지 않게 만들었으니, 참으로 한심한 일이다. 다행히 최근에 신임 법무부 장관을 비롯하여 일부 검찰 수뇌부에서도 스스로 이에 대한 반성의 소리가 간헐적으로 나오고 있다. 차제에 이러한 반성의 소리가 헛되지 않게 되어 검찰은 정의 실현의 주재자임을 우리 국민 모두 신뢰할 수 있었으면 한다.

19

검찰의 법왜곡과
무고한 라드부르흐

동아대학보 1995년 8월

전두환 전 대통령을 비롯한 신군부의 5·18 내란행위 관련자에 대한 고소 사건에서 우리의 검찰이 1995년 7월 18일 '공소권 없음'이라는 결정을 내린 탓에, 신군부는 80년 당시의 정치적 승리에 이어 법적 승리까지 얻었다. 이에 기여한 검찰이 내세운 이론적 근거로 "고도의 정치적 행위에 대한 사법적 심사의 자제"와 아울러 "성공한 쿠데타에 있어서 법적 안정성의 절대적 우위"를 내세웠다.

이는 내란죄를 규정한 현행 형법의 실효성을 무시한 것이고 검찰청법과 형사소송법에 규정된 검찰의 직무와 권한을 일탈한 것으로, 독단에 찬 자의적 법률가가 아니면 결코 받아들일 수 없는 결론이다. 다시 말해 전두환 일당의 5·18 내란행위는 국정의 찬탈을 목적으로 한 살인행위이자, 사회적으로도 용납할 수 없는 반인륜적 범죄행위이지, 결코 통치행위일 수 없다. 이를 통치행위로 포장한다고 할지라도 법치국가원칙을 우선하는 자유민주 국가에선 그와 같은 행위는 마땅히 사법적 심사의 대상이 되어야 마땅하다. 그러므로 국정의 찬탈을 위해 무고한 양민을 수백 명 죽게 한 신군부의 내란 행위가 사법적 심사의 대상이 될 수 없다는 검찰의 주장은 법치국가원칙을 부정한 독단에 불과하며, 힘 있는 신군부에 빌붙어 출세하려는 파렴치한 처세일 뿐이다.

검찰의 이런 행위는 법왜곡행위의 극치이다. 왜냐하면 첫째로 검사는 법률의 수호자로서 법률수호의 역할을 다해야 함에도, 오히려 그것을 포기하여 처벌해야 할 범죄행위를 사법적 심사로부터 자의적으로 제외시킴으로써 반인륜적 행위를 불가벌로 되게 하는 데 결정적으로 기여했다. 둘째로 검찰은 사회적으로 용납할 수 없고 처벌받아 마땅한 행위에 대해 사법적 심사를 자제할 것인가에 대해 판단할 권한도 없으면서, 그와 같은 판단 권한이 있는 것처럼 행동했다. 셋째로 검찰은 사회적으로 용납할 수 없는 중대한 범죄행위는 공소를 마땅히 제기하여 무엇이 정의인가를 우리 모두에게 확신시켜 주어야 하는데도, 그 점을 무시하여 공소권 없음이라는 결정으로 공소권을 남용했다.

특히 검찰은 성공한 쿠데타에 있어서 법적 안정성의 절대적 우위에 근거한 공소권 없음의 주장을 담보하기 위하여 저 유명한 법철학자이자 형법학자인 구스타브 라드브루흐(Gustav Radbruch)까지 들먹거렸다. 그렇지만 나치의 불법에 누구보다도 불의를 느껴 이탈리아로 망명까지 하면서 항거한 그가 이 소식을 저 하늘나라에서나마 들었다면 몹시 불쾌했으리라. 왜냐하면 나치에 의한 법실증주의의 폐단을 몸으로 체험한 그는 법적 안정성을 중요시하였지만, 그것의 절대적 우위를 주장하지 않았고, "법적 안정성의 우선으로 정의가 근본적으로 흔들리게 되면, 정의를 우선해야 한다."라고 분명하게 언명했다. 그리고 무엇이 불법이고, 무엇이 정의인가를 다음과 같이 명확하게 말했기 때문이다. "…법은 정의 실현을 위한 의지이다. 정의란 그러나 개인적 인격에 관계 없이 모두를 같은 기준으로 재는 것이다. 정치적 반대자에 대한 살인 행위가 존경받게 되고, 타 인종에 대한 살인을 요구하면서도 자기 동지에 대한 그와 같은 살인 행위에 대해서는 가장 수치스럽고 잔인한 형벌을 가한다면, 그것은 정의도 법도 아니다."…"법률이 정의실현을 위한 의지를 의식적으로 거부한다면, 예컨대 법률이 인권을 자의에 맡기고 인권유린을 방치한다면, 그런 법률은 효력이 없는 법률이기 때문에 국민은 그런 법률에 대한 복종의

무가 없고, 법률가도 그런 법률의 법적 성격을 거부할 용기를 가져야 한다."…"정의 이외에 공공복리도 역시 법의 목적임은 분명하다. 확실히 그와 같은 법률뿐만 아니라, 심지어 부당한 법률조차도 항상 하나의 가치, 즉 의심스러운 것에 대하여 무엇이 법임을 분명하게 해주는 가치를 갖는다. 인간의 불완전성은 법률안에서 법의 3가지 가치, 즉 공공복리, 법적 안정성과 정의를 항상 조화롭게 결합시킬 수 있는 것은 아니다. 그렇기에 법적 안정성을 위하여 사악하고 부당한 법률임에도 불구하고 법의 효력을 인정해 주어야 할지, 아니면 그런 법률은 정의에 반하고 공공의 이익을 해치기 때문에 효력을 거부해야 할지를 고려할 필요성만이 남게 된다. 그 점을 국민이나 법률가가 마음속 깊이 인식해야 할 것이다. 비록 불의와 사회적 해악을 준다고 평가되는 법률이 존재할 수 있지만, 그러나 그러한 법률은 법적 효력, 즉 법적 성격을 부인해야 할 것이다. 모든 법규정보다도 더 강력한 법원칙들이 존재하기 때문에 이 법원칙에 위배하는 법률은 효력이 없다. 우리는 이 원칙들을 자연법 혹은 이성법(理性法)이라고 부른다. 물론 이 원칙들은 세부적으로 많은 의문점이 제기되지만, 그러나 그런데도 수세기에 걸친 이들 원칙에 관한 연구는 이들에 관하여 확고한 지위를 구축했으며, 광범위한 공명을 불러일으킨 이른바 인권과 시민권의 선언 속에도 이 원칙들이 수록되었다. …"

이렇듯 라드브루흐는 불의와 사회적 해악을 끼친 형법상

의 범죄행위를 법적 안정성을 위해 없었던 일로 하거나, 공소권 없는 것으로 보지 않았다. 아니 오히려 심지어 시행 중인 법률일지라도 정의에 근본적으로 반하는 법률이라면, 법적 효력을 잃게 되고 사리에 합당한 자연법이 효력을 갖게 된다고 천명하였다.

그럼에도 우리의 검찰은 그가 법적 안정성을 중요시했다는 그 하나의 이유만으로 이론(異論)의 여지 없이 인권유린과 사회적 해악이 분명한 신군부의 5·18 내란행위조차 법적 안정성을 우선하여 공소권 없음이라는 부당한 결론을 내렸다. 그러나 이러한 결론은 위의 라드브루흐 언명에 비추어 보면 검사가 얼마나 잔인하게 그의 사상을 왜곡했는가 하는 생각이 절로 든다.

결국 검찰은 신군부의 법적 승리를 도모하기 위해 우리의 법률을 고의로 왜곡했을 뿐만 아니라, 저 무고한 라드브루흐까지 왜곡했다는 비난을 면치 못할 것이다. 일반 서민의 가벼운 경미범죄에 대해서 추상같은 준법정신 운운하면서 공소제기를 남발했던 검찰은 국가의 내란 사태를 초래한 중대 범죄행위에 대해선 처벌할 수 없다고 변명만 늘어놓은 모습이 처량하기까지 하다.

20

무죄추정과 실질영장심사제

부산매일신문, 1997년 1월 20일

형사재판권을 군주나 영주의 권한으로부터 빼앗아 권력으로부터 독립된 재판관에게 부여하고, 자백을 받아 내기 위한 고문을 금지하며, 형사재판에는 자백보다 증거가 필요하다는 등의 원칙을 확립하기까지 인류는 오랫동안 군주나 영주에 대항하여 투쟁했고 그 과정에서 수많은 희생을 치렀다. 근대 형법과 형사소송법도 바로 권력자에 대한 시민의 투쟁과 희생의 산물이다. 유럽에서 시민혁명에 의해 근대국가가 성립하자 형사재판제도는 혁명적으로 변화되었다.

이 과정에서 무죄추정의 사상은 1789년 프랑스 시민혁명의 산물인 '인간과 시민의 권리 선언' 제9조에서 처음으로 정립되었다. "누구도 범죄인이라고 선고되기까지는 무죄로 추정된다." 바로 이런 내용의 선언이 이른바 '무죄추정의 원칙'의 시발점이었다. 이를 계기로 기본적 인권에 관심을 가지게 된 국가들이 무죄추정의 원칙을 인간 존엄 보장의 핵심이라는 이유로 앞다투어 그들의 법전에 수용하였다.

한국 역사에서도 무죄추정의 원칙은 옛날부터 있었던 게 아니었다. 조선시대에만 하더라도 기본적으로 유죄추정의 입장이었다. 그 당시엔 일정한 요건 아래에 고문이 허용되었는데, 고문을 허용한 것은 무죄추정의 원칙 아래에서는 불가능하고, 유죄를 추정할 경우만 가능하기 때문이다. 8·15해방 후 남한에 국민정부가 구성된 후에도 한동안 명문상 무죄추정의 원칙을 천명한 규정은 없었다. 단지 몇몇 학자들에 의해 무죄추정의 원칙이 이 땅에서도 준수되어야 한다는 주장만이 있었을 뿐이었다. 그러다가 제5공화국 헌법과 이에 따른 형사소송법의 개정으로 "형사피고인은 유죄의 재판이 확정될 때까지는 무죄로 추정된다."는 무죄추정의 원칙이 우리 법제상에 처음으로 수용되었다. 그러나 비록 법률상 무죄추정의 원칙이 천명되었음에도, 적어도 1996년 12월 말까지는 실무에서 무죄추정의 원칙 준수는 수사단계에서, 특히 인신구속 문제의 경우 찾아보기 어려웠다. 오히려 유죄추정이 우리의 현실이었다고 해도 과언이 아니었다.

이러한 현실이 1997년 1월 1일부터 시행에 들어간 구속영장실질심사제도 때문에 새로운 전환을 맞게 되었다. 그 이전에는 비록 무죄추정의 원칙이 우리 헌법을 비롯하여 형사소송법에 규정되어 있음에도 불구하고, 검사는 범죄혐의자에 대해 주거가 일정하고, 도주나 증거인멸의 위험이 없는 경우에도 사실상 형벌의 성격을 가진 구속을 거의 무제한으로 시킬 수 있었다. 왜냐하면 검사가 청구한 구속영장을 법관은 아주 예외적인 경우를 제외하고는 대부분 발부하였기 때문이다. 이러한 사실로 인구 10만 명당 구속된 자가 독일의 경우 평균 49명이고 일본은 그보다 약간 많은 71명인데 반해서 한국은 340명을 넘어섰다. 그 결과 한국에서 무죄추정의 원칙은 속 빈 강정이었다.

그래도 다행스러운 것은 1997년 1월 1일부터 시행된 구속영장실질심사제도의 실시로 법관의 영장 발부 심사 시 종래 서류에 의한 형식적 심사에서 탈피하여, 필요한 경우 피의자의 입장을 직접 듣고 구속의 불가피성 여부를 충분히 검토한 후에 구속영장 발부 여부를 결정할 수 있게 되었다. 법관의 구속영장 발부가 신중해지자, 자연스럽게 경찰이나 검찰의 구속영장 청구 자체도 신중해졌다. 이에 대한 한 예로 부산지방법원의 경우 영장실질심사제를 시행한 첫 1주일간 모두 45건의 영장을 접수했으나 28건만을 발부하고, 17건인 37.8%를 기각하였다. 이는 지난 한 해 동안 부산지법의 영장기각률 6.3%에 비해 무려 6배 이상이나 늘어난 것이다. 더욱이 검찰의 영장 청구도 신중해져 예년에 비해 근본적으로 감소했다. 부산지법의 경우 1996년 한 해 동안 하루 평균 약 30건의 영장이 접수되고, 28건 정도 발부된 것에 비하면 괄목할 만한 변화이다.

이처럼 우리 국민의 결단으로 인신구속이 신중해졌다는 점은 바람직하다. 그러나 문제는 법관의 영장 발부 시 무죄추정의 원칙만을 고수하여 형사피의자에 대하여 무리하게 불구속 원칙으로 나가기만 하는 것은 정당한 것인지 의심스럽다. 왜냐하면 형사피고인은 근본적으로 재판에 참여할 의무가 있는데, 법관이 객관적으로 범죄혐의가 확실하고 중한 범행을 범한 피의자에 대하여 조차 무죄추정의 원칙 실현이라는 이유로 그 피의자가 재판에 참여할 수 있도록 해야 함을 보장하지 않고 구속영장 발부 신청을 쉽게 기각하는 것은 재판의 공정성과 지연을 초래할 수 있기 때문이다.

무죄추정의 원칙이 제대로 실현되어야 할 것은 모든 형사절차단계여야 하겠지만, 그러나 무엇보다 재판단계에서이다. 그리고 이때에는 형사피의자의 혐의가 뚜렷해도 유죄의 확정시까지는 원칙적으로 무죄로 추정해야 한다. 그럼에도 현재 사법절차의 운용을 보면, 법관이 피의자에 대한 구속영장 발부 여부를 심사할 때 불구속을 원칙으로 하면서도, 정작 재판에 제대로 참여한 피고인에 대한 법정구속은 용이(容易)하게 처리하는 것은 바람직하지 않아 보인다. 본래 무죄추정의 원칙은 죄를 짓지 않은 자에게는 별 의미가 없고, 죄를 지은 자일수록 유리하게 한 역사적 원칙이다. 더욱이 무죄추정의 원칙은 피고인에 대해 유죄가 확정될 때까지 죄가 없는 자로 간주해야 한다는 것이다. 이런 점에서 앞으로 무죄추정의 원칙이 특히 재판 시에 원칙대로 준수되어 범죄혐의가 의심스러울 때 피고인의 이익이 되도록 재판절차가 운용되었으면 하고, 모든 피고인에 대해 재판 시에 사복착용을 허용하고[11], 법관의 반말 사용[12]은 금지되었으면 한다.

11) 현행 형의 집행 및 수용자의 처우에 관한 법률 제82조(사복착용) 미결수용자는 수사·재판·국정감사 또는 법률로 정하는 조사에 참석할 때에는 사복을 착용할 수 있다. 다만, 소장은 도주우려가 크거나 특히 부적당한 사유가 있다고 인정하면 교정시설에서 지급하는 의류를 입게 할 수 있다.; 참고) 헌법재판소의 헌법불합치 결정(2015.12.23. 2013헌마712: "형의 집행 및 수용자의 처우에 관한 법률(2008. 12. 11. 법률 제9136호로 개정된 것) 제88조가 형사재판의 피고인으로 출석하는 수형자에 대하여 같은 법 제82조를 준용하지 아니한 것은 헌법에 합치되지 아니한다. 위 제88조는 2016. 12. 31.을 시한으로 개정될 때까지 계속 적용한다.")으로, 현재는 형사사건으로 수사 또는 재판받고 있는 수형자와 사형확정자도 다른 형사재판의 피고인으로 출석하는 경우 사복을 착용할 수 있다.

12) SBS 뉴스, "판사에게 반말했다고 구치소행" 욕창 생겨 소송했지만…, 2023.08.11. https://news.sbs.co.kr/news/endPage.do?news_id=N1007303880&plink=COPYPASTE&cooper=SBSNEWSEND

21

경찰수사권 독립[13]을 위한 변론

경찰잡지, 1992년

13) 검찰과 경찰 간 오랜 갈등 끝에, 2020년 2월 4일 검·경 수사권 조정 및 검찰개혁의 일환으로 형사소송법을 개정하여, 1) 검사와 사법경찰관의 관계를 지휘·감독관계에서 상호협력관계로 변경하였고(제195조 신설), 2) 사법경찰관의 수사에 대한 검사의 지휘권을 폐지하였으며 사법경찰관에게 1차 수사종결권을 부여하였다. 그리고 3) 검사 작성 피의자신문조서도 경찰 작성 피의자신문조서와 동일하게, 공판준비 또는 공판기일에 그 피의자였던 피고인 또는 변호인이 그 내용을 인정할 때에 한하여 증거능력을 인정하게 하였다(제312조 ①항). 또한 검찰청법을 개정하여, 4) 검사는 특정범죄에 한하여서만 수사를 개시할 수 있게 되었다(검찰청법 제4조 ①항 1호). 다만, ⅰ) 검사는 송치사건의 공소제기 여부 결정 또는 공소의 유지에 관하여 필요한 경우 등에 해당하면 사법경찰관에게 '보완수사'를 요구할 수 있고, 사법경찰관은 정당한 이유가 없는 한 지체 없이 이를 이행하도록 하였고(제197조의2 신설), ⅱ) 사법경찰관리의 수사과정에서 법령위반, 인권침해 또는 현저한 수사권 남용이 의심되는 사실의 신고가 있거나 그러한 사실을 인식하게 된 경우에는 검사는 사법경찰관에게 사건기록 등본의 '송부'를 요구할 수 있고, 송부받은 검사는 필요한 경우 사법경찰관에게 '시정조치'를 요구할 수 있으며, 검사는 시정조치 요구가 정당한 이유 없이 이행되지 않는 경우 사법경찰관에게 사건을 '송치'할 것을 요구할 수 있도록 하였다(제197조의3 신설). 그리고 ⅲ) 검사는 사법경찰관이 사건을 송치하지 아니한 것이 위법 또는 부당한 때에는 그 이유를 문서로 명시하여 사법경찰관에게 '재수사'를 요청할 수 있도록 하고, 사법경찰관은 요청이 있으면 사건을 재수사하도록 하였다(제245조의8 신설).
그리고 2022년 5월 9일 형사소송법 개정을 통해, 검사는 송치요구 등에 따라 사법경찰관으로부터 송치받은 사건에 관하여는 '동일성을 해치지 아니하는 범위 내에서만' 수사할 수 있도록 하여(제196조 ②항 신설) 검사의 수사범위를 더욱 제한하였다.

I.

종래 형사소송법에 따르면 검사만이 독립적인 수사권을 가질 뿐이며(형사소송법 제195조: 현재는 검사의 수사에 관한 규정이 제196조로 이동하였고 그 내용 또한 변경되었다[주 11 참고]), 사법경찰관리는 검찰의 지휘를 받아 수사할 수 있을 뿐 독립적인 수사권을 갖고 있지 않다(형사소송법 제196조: 현재는 사법경찰관리의 수사에 관한 규정이 제197조로 이동하였고 그 내용 또한 변경되었다[주 11 참고]). 이러한 전통적 수사체계에 변화를 시도하여 경찰도 독립수사권을 가져야 한다는 주장이 만만치 않게 제기되고 있다. 이러한 주장은 검사는 공소권만을 갖고 경찰은 수사권을 장악한다는 차원이 아니라, 종래 형사소송법상의 수사체계에서 볼 수 있는 검찰과 경찰 사이의 상명하복관계(上命下服關係)를 청산하고, 상호보완이나 협력관계로 수사체계를 변경해야 한다는 사고방식에 터 잡고 있다. 그러나 경찰의 독립수사권이라고 말할 때 그 구체적 의미는 무엇인가에 대해서는 아직도 충분한 논의가 없는 실정이고, 따라서 그에 관한 명확한 입장정리가 된 것도 아니다. 그 때문에 경찰수사권 독립에 대한 논의 범위는 논자에 따라 달라서, 검사의 수사지휘권으로부터 경찰수사권을 독립시킬 것인지, 사법경찰관에게도 영장청구권을 부여할 것인지에 관해서뿐만 아니라, 검사가 독점하고 있는 수사권을 경찰에게도 인정해야 한다거나, 경찰관이 작성한 피의자신문조서의 증거능력을 인정해야 한다는 등의 주장까지도 나오고 있다. 그러나 수사경찰관이 작성한 피의자신문조서의 증거능력 인정은 수사경찰관의 수사권을 간접적으로 강화하여 주는 측면이 있긴 하지만, 그렇다고 그와 같은 조서의 증거능력 인정 여부가 수사경찰의 수사권 독립을 징표한 것은 아니다. 또한 어느 면에서 보면 현행 형사소송법 아래서도 사실상 경찰은 일정 부분을 검사의 지휘를 받지 않고 수사업무를 독자적으로 처리하는 관행이 없지 않으며, 경찰이 독자적으로 수사할 수 있는 것도 사실이다. 특히 범죄 수사의 초동단계는 거의 모든 사건에 대한 수사는 경찰 스스로 판단에 따라서 착수하는 실정이고, 강력 사건이라고 해도 그러한 사건 수사의 과반수가 구속영장의 청구단계에서야 비로소 검찰의 지휘를 받을 뿐이다. 더군다나 경찰관이 피의자신문(형사소송법 제200조 제1항; 현행 제200조)이나 참고인 신문(형사소송법 제221조; 현행 제221조 제1항) 등 임의수사를 하는 경우 검사의 지휘를 받을 필요 없이 독자적으로 할 권한이 있다. 즉, 그런 정도의 경찰 수사권의 독립성은 현행법상의 체제 아래서도 따라서 인정되고 있으며, 오늘날 논의되고 있는 경찰 수사권 독립은 검사에게 독점된 수사권을 수사경찰관에게도 인정하여야 한다는 것이 아니라, 경찰 수사권을 검찰의 수사지휘권으로부터 독립시켜, 수사경찰관이 범죄에 대한 제1차적인 수사권을 갖도록 하자는 데에 있다. 따라서 이에 본질적으로 부수되는 제 권한(諸 權限), 예컨대 판사에 대한 영장

청구권을 인정할 것이냐의 여부도 경찰 수사권의 독립성에 관련된 문제라고 생각된다.

Ⅱ.

그러면 그와 같은 경찰수사권 독립을 인정하는 것이 타당한가. 이에 관한 판단에는 여러 요소가 변수를 이루고 있지만, 결정적인 것은 다음의 두 가지 관점이라고 보인다. 즉 수사경찰관에게도 검사의 간섭에서 벗어난 독립수사권을 부여함으로써 사법경찰의 수사 의욕을 고취시키고, 수사의 기민성·기동성을 발휘케 하여, 사법경찰이 범죄의 예방과 척결을 보다 잘 기여케 할 수 있게 해야 한다는 관점이 그 하나이다. 다른 하나는 수사는 인권침해적인 요소를 이루고 있기에 법을 전문적으로 알고 있는 법률전문가인 검사의 지휘·감독에 따라 수행되어야 한다는 것이다. 이들 양 입장은 서로 배척 관계에 놓여 있어서 그런지 자기 입장만을 고집할 뿐 다른 쪽의 입장을 수용할 태세에 있지 않다. 그에 관한 이해관계가 없는 측에서는 양 입장을 조화하여 경찰의 독립적 수사권은 필요하나 아직은 시기상조라는 시기상조론을 펴거나 수사권의 적정한 분배를 통해서 기동성 있고 적정한 수사와 시민의 인권보호가 조화되는 그러한 수사체계를 찾는데 나름대로 방향을 제시해 주는 글도 여러 곳에서 볼 수 있다.

Ⅲ.

여기서 경찰의 수사권독립에 대한 부정적 시각을 갖는 검찰 측의 주장을 살펴보면 다음과 같다: ① 범죄수사란 본질적으로 법원에 공소를 제기할 것인가를 결정하기 위한 준비행위이기 때문에 소추권을 갖는 법률전문가인 검사가 수사의 주체가 되고, 사법경찰관리는 검사의 지휘를 받아 수사 임무에 종사하는 것이 효율적이고, ② 검사제도의 역사적 측면에서 고찰해 볼 때도 검사의 수사지휘권은 피할 수 없는 귀결이다. ③ 법률전문가가 수사의 전과정을 지휘함으로써 법률 지식의 미흡에서 올지도 모르는 법집행의 왜곡을 막고, 국민의 인권옹호에 좀 더 충실할 수 있으며, ④ 현실적으로도 강력한 중앙집권적 국가경찰제도를 채택하고 있는 우리나라에서 경찰의 수사권이 독립되면 경찰을 견제할 기관이 전혀 없어서 막강한 경찰이 더욱 막강해진다. ⑤ 복잡다기해지는 범죄 현상에 효율적으로 대처하기 위해 경찰은 검찰의 수사지휘권 아래서 고도의 전문 법률지식을 보완 받아 수사 임무에 종사하는 것이 수사력 강화의 측면에서도 도움이 된다.[14)]

첫 번째의 주장은 적어도 외관상 설득력이 있어 보인다. 왜냐하면 수사의 목적을 오직 공소제기 여부의 결정과 공소유지에만 둘 때 제아무리 사회적으로 유해한 일탈 행위를 한 자

14) 이기호 교수의 "경찰수사력강화방안"이라는 논문발표에 대한 김태현 검사의 토론 중에서 발췌한 것임("형사정책연구" 창간호, 314쪽).

일지라도 기소편의주의를 채택한 우리의 법제 하에서는 검찰 측에서 불기소로 봐주겠다고 처음부터 작정하고 있었다면, 그에 대한 수사는 무용한 것이고, 따라서 공소권을 어떻게 행사할 것이냐에 따라 수사행위는 달라질 수 있기 때문이다. 그러나 이러한 주장은 지극히 일면만을 본 것이다. 왜냐하면 공소권자가 수사경찰에 대해 수사지휘권을 장악하는 것이 효율적이라면, 공소권자가 수사업무 일체를 독점하는 것이 더욱 효율적일 것이다. 그러나 검찰의 인력이나 물적 장비와 조직력으로 볼 때 모든 범죄에 대한 수사업무 일체를 감당할 수 없는 것이 현실이고, 그렇게 해야 할 불가피한 사유가 있는 것도 아니다. 오히려 사법경찰 내부에 상설적으로 전문법률가를 배치하여 그들로 하여금 일선 수사경찰과 수시로 협의할 수 있도록 제도장치를 마련해 두는 것이 검찰의 지휘를 받게 하는 것보다 효율적일 수도 있다. 더욱이 수사업무 대부분을 담당하는 현행법상의 사법경찰리는 수사에 대한 권한도 없이 오직 책임만 지고 검찰의 수사지휘에 따라야 한다는 것은 수사의 순기능보다 역기능이 더 많을 수 있다. 그러므로 공소권을 갖는 자의 수사지휘에 의거해서 경찰이 수사하는 것이 수사의 효율성을 제고한다는 논리는 사실상 설득력이 크게 있는 것이 아니다.

검찰 측이 주장한 두 번째 사유인 검사제도의 역사성으로 볼 때 수사지휘권은 검사에게만 귀속된다는 주장도 역시 설득력이 크게 있는 것은 아니다. 검사제도는 본래 법률의 파수꾼(Wächter des Gesetzes)의 역할을 담당하기 위해서 프랑스에서 처음 인정된 제도이다. 이러한 제도가 유럽대륙에서 널리 뿌리를 내린 배경에는 검찰이 비록 행정부에 속하지만, 국가의 권력을 상징하는 내무부 소속의 경찰과는 달리 국가의 법적 의사(Rechtswillen)를 대표할 뿐이라는 유럽의 법률문화 전통에 근거한 것이다. 그러나 우리나라에서 이와 같은 전통이 전수된 바가 없기에 검사제도의 역사성을 들어 검찰의 수사지휘권 독점을 강조하는 것은 지나친 것이다. 더구나 오늘날 소송구조가 검사의 존재를 필요로 한다고 해서 사법경찰의 수사는 언제나 검사의 수사지휘권 아래에 귀속된다는 주장은 역사적 필연성이 있는 것도 아니고, 논리적인 것도 아니다. 왜냐하면 탄핵주의의 소송구조는 그 원리상 수사권자의 편견이 판단자에게 전수되는 것을 막아 주는 역할을 하는 것이라면, 수사권자와 공소권자를 분리하는 것은 더욱더 그러한 편견을 극복하는 제도가 되기 때문이다. 그러므로 범세계사적으로 볼 때 검사에게 수사지휘권이 귀속되어야 한다는 역사적 필연성은 존재하지 않았다.

검찰 측이 주장한 세 번째 이유인 법률지식이 짧은 경찰보다는 법률전문가인 검사가 수사의 전과정을 지휘함으로써 국민의 인권옹호에 충실할 수 있다는 주장은 선언적인 의미에서 타당하다. 즉 인권의식이 투철하고, 법률에 관해 해박한 지식과 혜안을 겸비한 준법정신이 투철한 자가 수사권을 행사하는 것이 그렇지 못한 자가 수사권을 행사하는 것보다는 훨씬 좋기 때문이다. 그렇기에 경찰 스스로 검사에 못지않은 법률전문가를 양성하고 그들에게 수사업무를 전담케 함으로써 검사 측의 비판을 희석시켜야 할 것이다. 그러기 위해서는 경찰의 조직도 사법경찰과 행정경찰로 이원화하고 사법경찰에 한정하여 수사업무를 전담케 함으로써 수사의 전문화를 기할 수 있게 하고, 사법경찰의 자질을 높이기 위해서 사법경찰의 신분을 보장하고, 사법경찰의 자격을 경찰대학이나 법학교육을 이수한 자에 한정하여 채용하고, 채용한 후에도 대민봉사와 인권 의식을 고양케 하고 수사업무와 법학이론에 대해 필요충분한 지식을 습득케 할 필요가 있을 것이다. 이를 위해 경찰에게 수사권독립을 부여할 필요가 있는 것이다. 수사권 독립도 인정하지 않고 그들에 대한 신분보장도 없으면, 수사경찰의 자질향상은 공염불에 불과할 것이다. 즉, 수사권 독립의 인정과 신분보장도 하지 않으면서 경찰이 검사와 유사한 법률지식을 갖추지 못했기 때문에 결코 경찰에게 수사권독립을 허용할 수 없다는 논거는 그 전제가 잘못된 것이다.

검찰의 네 번째 근거에 대해서도 비판의 여지가 있다. 물론 최근의 우리 역사에서 보면 경찰은 권력의 시녀 역할을 담당한 경험이 없었던 것은 아니었고, 더구나 독립수사권까지 가지게 되면 막강한 경찰이 더욱 막강하게 될 것이다. 거기다가 경찰에 대한 국민의 신뢰가 땅에 떨어진 마당에, 신뢰할 수 없는 경찰을 어찌 믿고서 그들에게 독립수사권을 줄 수 있겠느냐는 것이 우리들의 국민 정서인지도 모른다. 그러나 이 점은 비단 경찰에 한정해서 탓해야 할 성질은 아니다. 우리의 현실에서 검찰이 정치권력과 유착하여 정치권력이나 정실(情實)에 좌우된 적이 없었는지 묻는다면 우리 검찰은 무엇이라고 답할까? 검찰도 정치적 사안의 문제라면 지극히 민감하거나 혹은 지극히 둔감하였으며, 거기다가 기소편의주의와 결합하여 정부와 여당을 지탱해주는 하나의 큰 힘이 된 적은 없었는지. 그와 같은 검찰의 위력을 제한하여 적절히 행사케 하는 제도적 장치가 현행법상 마련되어 있었는지 묻고 싶다. 검찰의 법왜곡은 경우에 따라 일반시민에 대한 명예훼손과 자유의 박탈을 수반하는 경우가 많은데, 그와 같은 행위에 대해서 법왜곡죄 같은 신설이 필요하건만, 이번 1992년 형법개정안에서도 그와 같은 규정은 찾아볼 수가 없다.

더구나 최근에는 지방자치제도가 점차 뿌리를 내려가고 있고, 이에 따라 지금까지의 중앙집권적 경찰체제가 각 지방경찰청체제로 미약하나마 서서히 전환되고 있기 때문에 경찰의 강력한 중앙집권적 체제를 전제로 한 경찰수사권독립의 부정은 큰 설득력이 없다 할 것이다. 그보다는 오히려 모든 권력이 독점되면 부패하고 경직되기 쉽다는 속성을 우리가 바로 직시한다면 수사권도 검찰과 사법경찰 측에 적절한 분배를 하여 서로 견제와 균형을 이루도록 하는 것이 사법경찰의 수사의욕을 고취시키고, 범죄억제효과와 공정한 수사를 담보할 수 있는 계기도 될 수 있을 것이다.

마지막으로 들고 있는 복잡한 범죄현상에 효율적 대책을 위해서 전문법률지식을 갖는 검사의 지휘를 받는 것이 수사력 강화에 도움이 된다는 주장도 경찰수사권독립을 주장하는 입장을 극복하기에는 역부족으로 보인다. 복잡한 범죄현상에 대한 효율적 대책은 오히려 수사의 기동성과 기민성 그리고 탄력성을 갖는 조직에 독립수사권을 부여하여 그들 자신의 책임으로 범죄 현상을 파악하고, 대책을 세우게 하는 것이 더 효과적이다. 물론 이때에도 무엇이 범죄인지의 여부를 수사기관 자신들의 감각에 의존할 것이 아니라, 전문적인 법률지식에 의존해야 하기에 효과적인 범죄대책을 위해서는 능력 있는 수사기관 이외에 전문법률가의 참여가 필수적으로 요망된다. 그러나 전문법률가에는 언제나 검사만이 있는 것이 아니고, 변호사나 법학교수 그리고 경찰 자체의 엄격한 시험절차와 꾸준한 교육을 통해서 검사에 준하는 실력 있는 전문법률가를 양성하여 이들로 하여금 대체할 수도 있는 일이기에, 검찰 측의 주장은 오직 일면적으로만 타당할 뿐이다.

Ⅳ.

범죄사건에 대한 수사의 95% 이상을 경찰이 담당하는 현실에서 볼 때, 수사기관의 의욕 고취는 수사로 인한 인권침해 방지 문제만큼이나 중요하다. 경찰은 사실상 수사의 거의 전부를 담당하면서도 그들에게 수사의 꽃이라고 할 수 있는 독립수사권을 보장하지 않으면서 그들에게 수사에 매진하라고 제아무리 촉구한다고 해도 그것은 무의미한 것이다. 조사 대상의 수사경찰관리 942명 중 736명에 해당하는 78.1%가 수사경찰에게 독립수사권을 인정하게 되면, 수사가 능률적으로 진행되어 범인 검거율이 높아질 것이라고 보는 데 반해, 그렇지 않다가 고작 5.6%에 해당하는 53명에 불과하였다는 한국형사정책연구원의 통계조사가 이 점을 잘 보여준다.

그 밖에도 오늘날 범죄유형이 광역화·신속화·대량화되어 가는 마당에 이에 대해 효과적인 대책을 취하기 위해서는 경찰 스스로 독자적인 수사권을 가지고 있어야 하며, 검찰의 인력이나 장비, 조직과 기술력을 갖고서 그 많은 범죄를 효율적으로 지시 및 지휘·감독하고 범죄의 초동수사와 긴급배치수사 등 수사의 착수를 신속하게 한다는 것은 불가능한 일이다. 경찰에 독립수사권이 없으므로 연간 80만이 넘는 불구속 피의자와 1백만이 넘는 사건관계인들 본인이 원하든 원치 않든 상관없이 검찰에 재출두해야 하는 불편함과, 그밖에 사소한 경우까지 검찰에 보고하거나 검사의 지휘를 기다려야 하는 불편함도 감수해야 한다는 점도 간과되어서는 안 될 일이다.

V.

그렇다면 장기적으로 볼 때 수사경찰관에게도 독립수사권이 인정되어야 한다. 그러나 독립수사권을 무조건 부여할 것이 아니라 다음과 같은 전제조건을 충족시키는 것을 전제로 이루어져야 한다.

첫째, 경찰을 사법경찰과 행정경찰로 이원화하고 사법경찰은 오직 수사전문가로서 활동케 하고 그들이 수사의 전문성을 십분발휘할 수 있도록 그들의 근무 여건을 개선해 주어야 한다. 둘째, 경찰 수사를 국민 모두 공정하다고 신뢰할 수 있도록 해야 한다. 그러기 위해서는 수사경찰의 자격을 경찰대학이나 법학교육을 이수한 자에 국한해서 선발하여, 충분한 연수교육을 시켜 수사전문가로 양성하고, 대민 봉사정신과 인권의식이 체질화되도록 하여 수사경찰의 자질을 높여야 한다. 셋째, 수사경찰의 신분보장 등을 통하여 정치적 중립성을 보장해야 할 뿐만 아니라 경찰 스스로 정치적 중립성의 확보를 위해 노력해야 하고, 시민의 신뢰회복을 위해 배전(倍前)의 노력을 기울여야 한다.

그러나 오늘날 우리의 현실에서 볼 때 위와 같은 요건의 충족은 아직도 요원하다고 보기에 그와 같은 요건이 충족될 때까지 수사경찰은 다음과 같은 제한된 범위에서 독자적인 수사권을 갖도록 하는 것이 바람직하다.

첫째, 이른바 강력범죄나 검찰이 특히 필요하다고 생각되는 그러한 사안에 한정해서 검찰은 수사경찰을 지휘할 수 있게 해야 할 것이다. 따라서 수사경찰은 검사의 수사지휘 없이도 일반범죄 대부분에 대해 1차적인 수사를 독자적으로 할 수 있도록 해야 한다. 둘째, 수사는 공소제기 여부를 결정짓고, 공소유지에 결정적으로 기여하므로, 수사하고 있는 사건에 대한 법률적 평가를 바르게 할 수 있도록 각 경찰서 단위별로 전문법률가(예컨대 변호사나 법학 교수)를 구성원으로 하는 상설법률자문위원을 두거나 수사과장을 전문법률가로 보하여 복잡한 법률해석이나 수사에 관한 자문에 응할 수 있도록 제도적 조치가 뒤따라야 할 것이다. 셋째, 수사과정에서 경찰의 불법수사가 없도록 그에 대한 억제장치로 피의자신문 시 변호인의 참여권보장 등 위법한 경찰수사에 대한 억제나 규제장치의 제도화가 요구된다. 넷째, 검찰은 관할구역 내에 있는 수사경찰에 대한 일반적 지시권과 지휘권을 부여받으며, 수사의 전국적인 통일성과 공정성을 기해야 할 것이다. 다섯째, 사법경찰관의 영장청구권은 아직은 시기상조라고 생각된다. 여섯째, 수사업무를 실질적으로 담당하는 사법경찰리(司法警察吏)에게 독자적인 수사권한을 인정하여 모든 수사경찰에게 독자적인 수사주체의 지위를 누릴 수 있도록 해야 한다. 또한 수사주체의 자격에 어울리도록 모든 수사경찰에 임의수사와 강제수사의 권한을 부여해야 할 것이다.

22

안기부법[15]의 개정문제

MBC 방송과의 인터뷰, 1997년 3월

질문 1. 안기부법이 언제 만들어진 법입니까?

안기부법은 지금부터 16년 전인 1980년 말에 제정되었습니다. 이 법의 목적은 안기부의 조직 및 직무범위를 규율하고, 안기부가 국가안전보장 업무의 효율적인 수행을 할 수 있도록 하는 데 있습니다.

15) 정식명칭: 국가안전기획부법; 1999. 1. 21. 개정(법률 제5681호)으로, 국가안전기획부의 부정적 이미지를 쇄신하고 국가 및 국민을 위한 참다운 국가정보기관으로 거듭나기 위하여 국가안전기획부의 명칭을 국가정보원으로 변경하였다.

질문 2. 안기부법이 여러 차례 개정되었다는데?

여러 차례 바뀌었습니다. 제정된 지 1년 후인 1981년 말과 7년 후인 1987년에도 개정되었습니다. 특히 김영삼 대통령의 문민정부가 들어선 1993년에도 개정되어 1994년에 개정 안기부법이 시행되었습니다. 이 개정안에 의하면 종래 안기부가 수사권을 행사했던 국가보안법상의 찬양·고무죄와 불고지죄에 대한 수사권을 여·야의 합의로 더 이상 행사할 수 없도록 했었습니다. 그와 같은 조치는 문민정부 개혁의 상징이었습니다. 그런데 그와 같은 개혁의 상징을 지난 1996년 말 날치기 처리로 안기부는 찬양·고무죄와 불고지죄에 대한 수사권을 다시금 행사할 수 있게끔 되었습니다.

질문 3. 대통령 자신이 취임 초기에 고쳤던 안기부법을 다시 이렇게 개정하다니, 참 모순인 것 같습니다. 안기부법 개정안에 대해서는 어떻게 생각하십니까?

불고지죄 등에 대한 수사권은 지금처럼 검찰이 갖고 있어도, 국가안보에 별다른 해가 된다고 보이지 않기에, 이들 범죄에 대한 수사권을 안기부가 다시금 행사할 수 있도록 한 개정 안기부법에 반대합니다. 왜냐하면 첫째 1993년 말에 개정된 안기부법에서 찬양·고무죄와 불고지죄에 대한 안기부의 수사권을 여야 만장일치로 배제했던 것은, 안기부가 이들 범죄에 대한 수사권을 남용해 왔던 지난날의 경험에 근거하여 장래에는 인권침해적 사태를 예방하기 위함이었습니다. 이러한 역사적 경험을 우리는 소중히 여겨 그와 같은 인권침해적 사태를 미연에 방지할 수 있는 제도적 장치를 지속적으로 보전하는 것은 우리들의 사명이라고 생각됩니다. 그럼에도 집권자의 편의에 따라 안기부에 찬양·고무죄에 대한 수사권을 돌려줌으로써 옛날의 불행했던 경험으로부터의 교훈을 무시하는 우를 범했습니다. 둘째로 국가보안법상의 찬양·고무죄 제7조 제1항의 법규가 "자유민주적 기본질서의 위반"이라는 아주 막연한 용어를 사용하고 있는데, 이러한 불확실하고 막연한 용어는 위헌의 소지가 아주 큽니다.[16] 그뿐만 아니라 그와 같은 막연한 용어의 해석은 해석자의 의사에 따라 아주 광범위하게 확대 적용될 소지가 크기에 엄격하고 제한적으로 해석되어야 함에도, 엄격하게 한정하여 해석 적용한 경우가 드뭅니다. 이런 상황에서 안기부가 그 조항에 대한 수사권을 가지게 되면, 정신적으로 옛날의 나쁜 경험을 많은 사람들이 회상하게 된다는 점에서 바람직하지 않고, 더구나 안기부의 위법 수사에 대한 통제권이 사실상 유명무실하여 찬양·고무죄에 대한 확대

16) 헌법재판소의 한정합헌결정(헌재결 1990. 4. 2., 89헌가113: "국가보안법 제7조 제1항 및 제5항의 규정은 각 그 소정의 행위가 국가의 존립·안전을 위태롭게 하거나 자유민주적 기본질서에 위해를 줄 명백한 위험이 있을 경우에만 축소적용되는 것으로 해석한다면 헌법에 위반되지 아니한다.")의 취지를 적극적으로 수용하여, 1991. 5. 31. 국가보안법 개정을 통해 해당 규정의 처벌 대상을 "국가의 존립·안전이나 자유민주적 기본질서를 위태롭게 한다는 정을 알면서" 행한 경우로 한정하였다.

적용의 남용 가능성을 배제하기 어렵게 됩니다.

질문 4. 불고지죄에 대한 수사권도 이번 개정안에 포함되었는데요, 불고지죄에 대해서는 어떻게 생각합니까?

불고지죄는 국가보안법 제10조에 규정되어 있습니다. 이 규정에 의하면 소위 간첩행위를 한 자를 알면서 수사기관 등에 알리지 아니한 자는 5년 이하의 징역이나 200만 원 이하의 벌금에 처할 수 있고, 본범과 친족관계에 있을 때 처벌될 가능성이 있습니다. 따라서 간첩을 만난 사람이 그 사실을 수사기관에 알리지 아니하면 중한 형벌에 처하게 됩니다. 이 정도까지는 국가안보상 이해해 줄 수 있습니다. 그러나 만일 간첩이 부모나 형제인 경우, 그런 경우 우리는 그 사실을 수사기관에 알려 부모 형제가 처벌될 수 있도록 해야만 원칙적으로 처벌을 면하게 됩니다. 부모가 자식을 처벌해 달라고, 또는 자식이 부모를 처벌해 달라고 신고를 강요하는 것이 소위 불고지죄 규정입니다. 언젠가 우리 교과서에 아버지를 당에 신고한 비정한 공산주의적 인간성을 신랄하게 비판하는 내용을 보았습니다. 그렇다면 우리의 불고지죄 규정이 그것과 무엇이 근본적으로 다른지 한 번쯤 냉철하게 생각해 볼 필요가 있습니다.

이와 같은 문제가 있는 불고지죄 규정을 현재 당장 개정할 수 없다면, 그 적용은 신중해야 하고, 그에 대한 수사권도 지금처럼 검찰에서 행사하는 것이 국민의 기본권보장에 기여할 수 있다고 봅니다. 이런 점에서 불고지죄에 대한 수사권을 안기부가 다시금 갖게 하는 것은 재고되어야 합니다.

질문 5. 찬양·고무죄와 불고지죄에 대한 수사권도 이번 개정안에 포함되었는데요, 이런 조항이 새삼스럽게 다시 포함된 이유가 있다면?

이들 범죄에 대한 안기부의 수사권을 회복해야 할 불가피한 사정이 있었다면 모르겠지만, 그러한 사정이 있었다고 보기는 어렵습니다. 굳이 찾아본다면 우리는 작년 연세대에 있었던 한총련 사태를 기억하고 있습니다. 아마도 현 정부는 그 사태를 아주 심각하게 인식하고, 이 땅에서 좌경사상을 가진 자를 방치하면 그와 같은 사태가 재연될 소지가 있다는 우려에서 출발한 것으로 보이긴 합니다.

질문 6. 어제 영수회담에서 야당 총재는 안기부법과 노동법 개정안을 무효화시키자고 요구했는데요, 대통령은 국회에서 다시 논의하라고 말했습니다. 앞으로 안기부법 개정안이 어떻게 처리될 것으로 생각하십니까?

어떻게 처리될 것인가는 처리과정을 지켜보아야 알 수 있는 문제입니다. 개인적인 소망을 말한다면, 적어도 문민정부 개혁의 상징이라고 할 수 있는 것은 그 상징성 때문에 그대로 유지하는 것이 바람직합니다. 그런 점에서 안기부가 찬양·고무죄와 불고지죄에 대한 수사권을 갖지 못하도록 하여야 합니다.

질문 7. 만일 개정된 안기부법이 시행된다면, 물론 그런 일이 없길 바랍니다만 혹시라도 그렇게 된다면 어떤 문제가 발생하겠습니까?

이제 안기부도 종전의 무서웠던 모습에서 많이 변해, 우리의 가슴에 점차 부드럽고 성숙한 모습으로 다가오고 있습니다. 그러나 아직도 우리 가슴에 안기부의 무서움에 대한 감정을 불식하지 못하고 있습니다. 이런 상황에서 안기부가 찬양·고무죄와 불고지죄에 대한 수사권을 행사하게 된다면, 안기부의 수사권을 제대로 통제할 법적·제도적 장치가 보장되어 있지 않고, 또한 안기부의 권한 남용행위를 통제한다는 것은 경험을 통해 볼 때도 사실상 어렵다는 점을 감안할 때, 인권 침해적 수사의 위험성을 불식하기 어려울 것으로 보입니다. 게다가 현재의 경찰과 검찰에 의한 수사체계에 의해서도 찬양·고무죄와 불고지죄에 대한 수사권 행사가 큰 어려움 없이 진행되고 있다는 점을 볼 때, 굳이 이 수사권을 안기부가 다시금 행사해야 할 불가피한 사정이 있다고 말할 수 없을 것입니다.

23

1992년의 형법개정안의 특징과 우리의 헌법정신

법정신문 1993년

1953년에 제정된 현행 형법은 1940년도의 일본개정형법가안을 토대로 하여 만든 법으로서 그 성격이 ① 미풍양속의 강조로 지나치게 윤리주의적 색채가 강하고(예컨대 순수 형식적 의미의 존속을 상대로 한 범죄에 대한 형벌의 지나친 가중, 간통과 같은 성범죄에 대한 국가의 지나친 간섭), ② 군국주의에 기초한 전시형법적 사고(예컨대 전시 군수계약불이행죄 등)와 ③ 국가적 법익에 대한 지나친 중형주의를 취하고 있어 국가의 형벌권이 시민의 자유를 지나치게 간섭하는 형법임을 누구도 부인하기 어려울 것이다.

이러한 성격의 현행 형법이 그사이 급변한 사회적 현실뿐만 아니라, 헌법상 보장된 인간의 가치와 존엄을 기초로 하는 우리의 헌법정신에 일치하는 것이 아니라면, 그러한 형법은 개정되어야 마땅하고, 또 그래서 사회적 현실에 부합하고 우리의 헌법정신이 구현된 그런 형법전으로 거듭나야 할 것이다. 그 때문에 법무부안으로 제안된 1991년 형법 개정안도 혼인빙자간음죄의 폐지, 존속살인에 대한 형의 완화 등 현행 형법의 윤리적 군살을 벗기려는 노력을 보였고, 상습범 가중규정을 폐지하고 결과적 가중범을 불법성의 실질에 따라 법정형을 부분적으로 달리함으로써 책임주의를 강화하였으며, 전시군수계약불이행죄 및 공수계약불이행죄와 같은 전시형법의 조항을 폐지하여 현행 형법의 군국주의적 성격을 제거하려는 노력을 보였다. 또한 컴퓨터 범죄와 환경 범죄 등을 신설하여 형법이 사회적 현실에 부합하도록 하였으며, 사형의 적용 범위를 일부 수정하면서, 사형제도의 신중한 운영을 천명한 것도 형법의 인도주의화라는 측면에서 중요한 의미를 준다.

그러나 개정안은 아직도 기본적으로 현행 형법의 특성인 지나친 윤리주의적, 중형주의적, 국가간섭주의적 성격을 상당부분 유지하고 있다. 왜냐하면 개정안은 종래 중형주의에 입각하고 있는 현행 형법의 형량을 거의 그대로 유지하고 있을 뿐만 아니라, 지나치게 중형주의에 입각하고 있는 특별형법도 일부는 방치된 상태이며, 누범가중제도, 사형제도도 그대로 존치하고 있다. 또한 아직도 존속을 대상으로 한 범죄에 대한 형의 예외 없는 가중 그리고 성(性) 윤리에 대한 과도한 국가간섭주의에 젖어 간통죄 등 윤리 형법의 잔재 청산에 철저하지 못하였고, 구류나 과료를 형벌로 파악하여 그러한 형벌에 해당되는 사실도 범죄로서 다루게 되어 개정안은 전과자를 양산할 수 있는 계기를 제공하였다. 이 뿐만 아니라 국가의 안전을 제1차적 목적으로 삼는 국가보안법을 비롯하여 온갖 특별형법을 개정안에서 실질적 법치주의에 걸맞게 수정하여 수용하지 않고 방치함으로써 개정안이 모든 범죄에 대한 기본법이라는 점을 무색하게 하고 있다.

물론 개정안은 기술문명과 산업사회의 진보로 인하여 그 규제가 불가피한 다수의 신종범죄를 범죄화하여 형법의 현대사회 보호기능을 강화하였고, 혼인빙자간음죄 등 일부 범죄를 비범죄화하였거나 특별한 이유에서 삭제한 조문도 적지 않고, 100여 개나 되는 많은 조문이 수정되었다. 그러나 이와 같이 상당수 조문의 첨부나 수정 혹은 삭제가 있었음에도 기본적으로는 현행 형법의 구시대적 잔재가 완전하게 극복된 것은 아니며, 더욱이 일부 조문의 첨부, 수정 혹은 삭제 시에 1974년의 일본개정형법초안의 규정을 상당한 부분 모방하였다는 점도 부인하기 어려울 것이다.

그렇다면 개정안은 우리의 헌법정신을 충분히 반영하여

1940년대의 일본 군국주의의 사고방식인 구시대적 잔재를 철저히 청산했다고 볼 수 없으며, 오히려 최근의 일본개정형법초안의 조문을 부분적으로 모방하여, 극복했어야 할 일본 형법의 모방문화에서 완전히 해방된 것으로 보기 힘들다. 우리 형법개정 작업 초기에 그렇게도 누누이 강조된 우리 헌법정신이 반영된 우리 형법의 건설이라는 기치는 어디에 갔는지 의심스러울 정도이고, 그 때문에 개정안에서 논리일관 추구하고 있는, 있어야 할 우리 형법정신이나 이념이 무엇이며, 개정안 전반에서 그 정신이 어떻게 구현되었는지 그 점을 찾아보기가 매우 어렵다.

이번 형법개정에 있어서 법무부는 형법개정의 중요한 기본방향을, 헌법정신을 구현하고 형사정책적 요청에 따라 범죄와 형벌을 정비하는데 두었다고 한다. 헌법정신을 구현한다는 것은 헌법상 보장된 인간의 존엄과 가치의 보호를 위해, 국가는 국가우선주의가 아닌 개인주의에, 결과주의가 아닌 책임주의에, 자의적인 통치주의가 아닌 법치주의의 원리에 구속된다는 것을 의미한다. 이에 따라 형법도 이들 기본정신의 토대 위에서 구축되어야 할 것이다.

따라서 첫째로 개인의 자유와 존엄은 다른 어떠한 권리보다 우선적으로 보장받아야 한다. 사회적 가치나 국가목적을 위해서 개인이 갖는 인간으로서의 존엄과 가치는 결코 그 본질이 침해되어서는 안 되며, 사회생활상 공익을 위해 불가피한 경우가 아니면, 개인의 자유는 어떤 형태로든 제한되어서는 안 된다. 따라서 국가는 국민을 보호한다는 구실 아래 법익침해가 있는 모든 침해행위에 간섭할 것이 아니라 사회생활상 그 보호가 불가피한 경우가 아니라면 형법의 개입을 자제해야 하는 것이 타당하다. 특히 형벌은 인간이 참기 어려운 고통을 그 본질적 내용으로 하므로, 형벌을 수단으로 하는 형법은 사회가 결코 용납해서는 안 되는 그런 법익침해행위에 대해서만 간섭하고, 그것도 다른 수단으로는 유효한 보호를 할 수 없을 때 국한해서 최후의 수단으로서 행해져야 한다. 이런 뜻에서 누구의 법익도 침해하지 않는 그런 범죄나 사회가 용납할 만한 사소한 일탈행위는 비범죄화하여야 하며, 민법이나 행정법에 의해서도 유효한 방지효과가 있는 사회유해행위도 역시 비범죄화해야 한다. 그러나 개정안은 혼인빙자간음죄 등 지극히 제한된 범죄만을 비범죄화하였을 뿐이며, 공중교통기관 무단이용죄와 자동판매기 등의 부정이용죄 등 37개의 범죄를 신설하여, 현행 형법보다 더욱더 범죄화의 길을 걷고 있다. 특히 문제가 될 수 있는 것은, 공중교통기관 무단이용행위와 자동판매기 등의 부정이용 등(개정안 제213조 제1항)이 반드시 형벌로 다스려야 할 불가피한 사정이 있는가 하는 점이다. 왜냐하면 우리가 형법의 최후 수단적 성격을 직시한다면, 공중교통기관 무단이용행위와 자동판매기 등의 부정이용행위 등에 대하여는 인간의 삶의 터전을 초토화시키는 형벌을 반드시 가할 만한 불가피한 필요성이 있는지 지극히 의문시되며, 그런 행위에 대해서는 과태료나 범칙금 같은 질서벌을 과해도 충분한 예방효과를 가질 수 있기 때문이다. 또한 개정안은 성(性)에 대한 자기결정권을 행사할 능력이 있는 자까지도 과도하게 보호하고 있을 뿐만 아니라(성년자에 대한 음행매개죄), 이러한 자가 자진하여 음화 등에 접할 때 음화 등 반포죄의 피해자라고 볼 수 있는가는 의문시되는 데도 음화 등의 제조죄를 포함하여 음화 등 반포죄를 형을 가중하여 수용하고 있고, 존속살인죄를 비롯하여 존속에 대한 범죄에서도 현행법과 같이 예외 없이 형을 가중하고 있다. 이처럼 순수한 윤리적 가치를 보호하기 위해 성윤리에 대하여 과도한 국가간섭주의와 형식적 의미의 존속이라는 이유로 형을 무조건 가중하는 윤리형법 규정은 형법의 도덕화를 의미하며, 헌법상의 개인주의원칙에 반한다. 그렇다면 개정안의 윤리적 군살을 제거하여 개인의 자유로운 활동을 보장하기 위해서 음행매개죄와 음화 등 제조죄, 음화 등 반포죄 그리고 공연음란죄의 폐지나 수정이 불가피하고, 존속에 대한 가중규정은 모두 삭제해야 할 것이다.

둘째로 형법은 책임주의를 원칙으로 삼아야 한다. 여기서 책임은 형벌의 기초가 되어야 하고, 형벌과 책임은 비례관계를 초월하여 과잉으로 벌하여서는 안 된다. 개정안은 제44조에서 책임주의를 선언하고, 상습범 가중규정을 삭제하고, 존속살해죄의 법정형을 7년 이상으로 규정하는 등 일부의 범죄에 대한 법정형을 책임주의에 어울리게 조정하는 노력을 하였다. 그러나 개정안을 자세히 본다면, 개정안은 책임주의에 철저하지 못하다는 사실을 여러 곳에서 확인할 수 있다. 개정안 제44조에서 책임은 형벌의 근거가 됨을 천명하고 있지만, 형벌제한적인 기능을 갖는다는 점을 명확히 하지 않았고, 또한 현행 형법에 비해 오히려 중형주의에 입각한 규정을 여럿 두고 있다. 그리고 결과적 가중범에 대하여 개정안 제14조에서 예견가능성 대신에 과실이라는 용어로 대체하였으나 이러한 용어의 변경만으로 책임주의를 충분히 보장할 수 있는가는 의문이며, 각칙상의 결과적 가중범에 있어서도 과실로 중한 결과를 야기한 경우가 고의로 중한 결과를 야기한 경우와 법정형이 대부분 동일하다는 점은 개정안이 결과책임주의를 완전하게 제거했다고 보기는 힘들다. 이뿐만 아니라 죄와 형벌이 균형을 유지하고 있다고 보기 어려운 조문도 적지 않다. 예컨대 강간치상은 5년 이상의 징역형에 처할 수 있게 함으로써 살인죄의 법정형과 그 최소한에서는 동일하게 하고 있다는 점도 납득하기 어렵다. 강간치상이라는 범죄는 강간이 미수에 그치고, 치료일 미상의 경미한 상해를 과실로 가한 경우에도 성립될 수 있는 것이라면, 그 정도의 범행에 대해 어떤 살인행위와도 결코 동일시할 수는 없을 것이다. 또한 누범에 대해 형벌의 가중규정을 존치하고 있는 것, 그리고 공갈을 목적으로 하는 일시적 집단이나 단체를 구성하는 행위도 무기 또는 5년 이상의 징역에 처하게 하는 범죄단체구성죄(개정안 제241조)도 책임주의에 위배되는 전형적인 규정이라 아니할 수 없을 것이다. 특히 범죄단체구성은 기껏해야 범죄의 예비에 불과하고, 그러한 단체의 구성만으로는 범죄의 야기위험성이 나타날 수 있다는 것이지 사실상 위험성이 발생한 것도 아니다. 그러므로 범죄에 대한 방지차원에서 그와 같은 범죄구성요건의 존치가 필요하다고 해도, 그에 대한 각 법정형에 대해서는 행위책임에 상응하도록 조종이 불가피하다고 본다.

셋째로 형법은 법치국가원칙을 기초로 삼아야 한다. 인간의 자유와 평등 그리고 정의의 실현을 그 본질적 기초로 삼고 있는 법치주의는 형식적인 측면에서 죄형법정주의와 실질적인 측면에서 인간의 존엄과 가치보장을 그 내용으로 한다. 이에 따라 개인의 자유는 공동생활을 위해 불가피한 경우가 아니면 제한할 수 없으며, 제한한다고 하더라도 정의의 이념을 지향하는 법률에 의해서만 가능하며, 그것도 기본권의 본질적 권리를 결코 제한해서는 안 된다. 이러한 이념에 비추어 볼 때 개정안에서 불필요하게 지나친 간섭을 자초하는 규정인 도박죄, 집합명령위반죄 등은 문제점이 없지 않고, 인간의 생명을 절대적으로 보호해야 할 국가가 오히려 사형제도를 존치함으로써 인간의 본질적 기본권을 침해하여 헌법의 인권보장정신과 과잉금지의 이념에 위배 되고 있다는 점을 적시하고 싶다. 특히 우리 헌법은 국민의 인권보장을 위해서 신체적 자유의 제한은 오직 법관에 의해서 가능하도록 정하고 있을 뿐인데, 개정안 제74조 제1항에서는 수형자의 가석방을 행정처분으로 할 수 있도록 했고, 개정안 제99조 제1항에서는 보호감호자의 가출소에 대하여 행정처분에 의하여 가출소할 수 있도록 규정하고 있다. 이런 점들도 헌법상의 법치국가원칙이 개정안에서 철저하게 관철되고 있지 않은 단적인 예(例)라 하겠다.

끝으로 개정안은 형사정책적 요청을 반영하겠다는 개정작업 초기의 기본계획을 충분히 수용했다고 보기도 어렵다. 형사정책적 요청이 철저히 반영되려면, 범죄와 형벌에 대한 효율적 대책뿐만 아니라, 범죄에 대한 형사사법기관의 활동 공정성을 담보할 수 있는 제도적 장치가 마련되어야 한다. 그런데 개정안은 한편으로 형사정책상 요구되는 징역과 금고의 단일화, 일수벌금제도의 도입, 1년 이하의 단기자유형 폐지, 구류나 과료에 해당하는 범죄의 비범죄화 등 경험적 근거를 갖는 주장들을 외면하고, 장기자유형을 가중하면 25년까지 선고할 수 있도록 하고 있다. 이러한 사상의 밑바닥에는 형벌을 충분히 오랫동안 집행하면, 수형자는 개선되어 재사회화된다는 신념에 근거하고 있다. 그러나 자유형을 선고받은 경험이 있는 자의 재범율이 50%를 훨씬 넘고 20년 이상의 구금생활은 수형자의 정신뿐만 아니라 육체까지 파괴한다. 그로 인해 자유형은 범죄의 오염을 제거하는 정화 기능을 하기보다는 오히려 범죄오염을 자초한다. 이 점을 고려해 본다면, 개정안은 형사정책적 요청을 충분히 반영하였다고 볼 수 없을 것이다.

개정안은 다른 한편 사법기관의 사법활동의 공정성 보장에 대해서도 등한시하였다. 사법권을 지배하고 있는 국가기관은 그 기관의 속성상 언제나 자신의 권한을 남용하려는 경향성을 띠고 있기에, 남용의 자제를 도덕적인 차원에서 촉구해서 될 일이 아니고, 제도적으로 남용을 봉쇄해야 한다. 이를 위해 개정안에서 규정하고 있는 공무원의 직권남용죄나 불법체포죄 또는 가혹행위죄 같은 것만으로 충분치 못하다는 것은 우리가 늘 경험하고 있는 사실이다. 최근 문제가 되는 법원 부조리의 문제처럼 법관이나 검사 같은 사법기관이 자의적인 법적용으로 공정성을 잃게 되면 사회적으로는 사법권에 대한 불신으로 이어져 준법정신의 해이를 가져온다. 불이익을 당한 피해자의 입장에서 보면 이러한 자의적 법적용은 국가기관이 고의적인 위법행위로 시민의 재산을 박탈하거나 생명과 신체의 자유까지도 침해하는 범죄행위이다. 그러므로 이에 대처하기 위해 독일의 법왜곡죄(독일형법 제339조)와 같은 규정의 신설이 절실하건만, 개정안은 그 점에 대해서도 침묵하고 있다.

24

환경범죄에서 법인의 형사책임

중국 사회과학원, 1996년 5월 16일

법인이 형사책임을 질 수 있는가에 관한 토론은 아직도 계속되고 있다. 한국에서 다수설은 법인의 형사책임을 인정하지 않는 쪽으로 기울어지고 있는 반면에, 영미국가에서는 법인의 형사책임을 기본적으로 인정하고 있다. 한국의 법제에서도 특별법을 통하여 법인에 대하여 벌금형을 부과하는 규정이 적지 않은 실정이다.

법인에 대하여 기본적으로 형사책임을 가할 수 없다고 하는 주된 이유는 다음과 같다. 첫째 법인은 사람과 같은 심신을 갖고 있지 않기 때문에 행위능력이 없다. 둘째 법인은 기관(機

關)인 자연인을 통하여 실행하므로 자연인을 처벌하면 족하지, 법인까지 처벌할 필요가 없고, 만일 법인까지 처벌한다면 그 처벌효과는 범죄와 무관한 법인의 구성원에게까지 미치게 되어 자기책임에 반한다.

이러한 법인처벌부정론은 수긍할 수 없다. 우선 법이라고 하는 것은 단순한 존재적 사실이 아니라, 당위규범이자 가치규범이다. 그 때문에 사회적으로 용납할 수 없는 중요한 법익을 침해하는 자에 대해서는 가치규범적으로 처벌할 필요가 발생한다. 그리고 이때 처벌할 수 있는 자를 미리부터 자연인에게 한정해야 할 가치규범은 존재하지 않는다. 처벌해야 할 주체는 인간의 공동생활과정에서 범죄행위를 계획하고, 실현하여 우리의 삶을 근본적으로 침해할 수 있는 활동주체이면 되는 것이지, 범죄행위주체를 오직 존재론적으로 파악하여 인간만이 용납할 수 없는 사회침해적 행위를 할 수 있다거나 처벌주체가 된다는 사상은 형법의 규범적 성격을 잘못 이해한 것이다. 따라서 사회적으로 용납할 수 없는 침해행위를 한 법인을 자연인과 다르다 해서 형사처벌로부터 무조건 자유로운 행위주체라고 하는 것은 잘못된 것이다. 물론 가치규범은 존재사실과 언제나 무관한 것이 아니고, 존재사실로부터 영향을 받으면서 존재사실에 대하여서도 영향을 미친다. 따라서 법인이 형사처벌을 받을 만한 주체인가는 각각의 법인 자체의 범죄행위 수행능력에 달려 있다고 보아야 한다. 그런 점에서 환경오염을 배출한 기업체가 처벌 주체로서 인정될 수 있다고 사회적 합의를 통해 가치 결단을 내린다면 그것은 부당한 것이 아니며, 잘못된 일도 아니다. 오늘날 거대기업체는 그들의 고유한 독특한 문화를 형성하고, 각 개인은 그 기업체의 한 부품에 불과한 추세로 진행되고 있는 현실에서, 그리고 개인보다 기업체라는 법인에 의해서 더욱더 환경침해적 행위를 하는 현실을 감안할 때, 입법자가 처벌 쪽으로 결단을 내린다면 법인의 형사처벌은 가능한 것이다. 그러나 현행 각 법률의 범죄성립요건의 면에서 볼 때, 범죄행위자를 인격자일 뿐만 아니라 윤리적인 행위능력을 구비하는 행위자에 한정하여 범죄행위주체로 인정하는 현실에서 법해석상 법인을 무조건적인 처벌의 대상으로 파악하는 것은 많은 문제가 있다.

한국의 경우 환경오염행위에 대한 법인의 형사책임은 자연인의 처벌과 무관하게 독자적으로 인정되고 있는 것이 아니라, 자연인의 처벌을 전제로 한 양벌규정의 형식을 취하고 있다. 예를 들면 대기환경보전법 제60조(현행 제95조)와 소음·진동규제법 제62조(현행 소음·진동관리법 제59조), 수질환경보전법 제61조(현행 물환경보전법 제81조) 및 폐기물관리법 제62조(현행 제67조) 등에서 법인의 형사처벌을 인정하고 있다. 즉 이들 규정에 따르면 "법인의 대표자 또는 법인이나 개인의 대리인 기타 종업원이 그 법인 또는 개인의 업무에 관하여 제 …조의 위반행위를 한 때 행위자를 벌하는 외에 그 법인 또는 개인에 대하여도 각 해당조(該當條)의 벌금을 과한다."고 명시하고 있다.[17] 환경오염을 배출한 법인에 대해서 처벌할 수 있다는 점에서 한국의 환경정책은 진일보한 것이지만, 그러나 이런 식의 양벌규정으로 기업형 환경범죄에 대하여 충분히 대처할 수 있겠는가에는 의문이 있다. 왜냐하면 법인을 처벌하려면, 그 전제조건으로서 그 법인의 대리인 등이 환경범죄를 범하였음을 입증해야 한다. 그러나 기업형 환경범죄행위의 입증은 쉬운 일이 아니다. 그 이유는 기업체의 환경담당자가 한 사람인 경우는 예외이고, 주로 위계질서 형식으로 다수가 관여하며, 그리고 담당자도 수시로 업무부서를 변경하기 때문에 구체적으로 특정 업무담당자를 범인으로 지목하여 소추하기는 곤란한 점이 많기 때문이다. 여기서 만일 특정 업무담당자가 환경범죄로 처벌이 불가능할 경우 법인에 대한 처벌도 불가능하다는 점에서 양벌규정의 형식에 의한 법인의 처벌도 문제가 있는 것이다.

바로 이런 점을 극복하기 위하여 두 가지 방법을 생각해 볼 수 있다. 그중의 하나는 법인은 그 자체로서 사회적으로 독

17) 헌법재판소는 종업원의 위반행위가 있으면 이에 대해 영업주가 비난받을 만한 행위가 있었는지 여부와 관계없이 자동적으로 영업주도 처벌하도록 규정한 양벌규정을 "종업원의 범죄행위에 대해 영업주의 선임감독상의 과실이 인정되는 경우"라는 요건을 추가하여 해석하는 것은 문리해석의 범위를 넘어서는 것으로서 허용될 수 없고, 따라서 이러한 양벌규정은 책임주의에 반한다는 이유로 위헌결정하였다(헌재결 2010. 7. 29., 2009헌가25). 이에 따라 양벌규정에는 "다만, 법인 또는 개인이 그 위반행위를 방지하기 위하여 해당 업무에 관하여 상당한 주의와 감독을 게을리하지 아니하였을 경우 그러하지 아니하다."라는 단서가 추가되었다.

자적인 활동을 하는 주체로 인정될 수 있다는 위에서 언급한 논리에 따라 기업의 활동으로 발생한 환경오염행위를 기업체 자체의 환경범죄행위로 파악하여, 기업체의 환경부서 담당자의 개인적 범죄성립 여부를 따지지 않고 처벌하는 방식이다. 다른 하나의 방식은 기업체 내부의 간부들에 대한 처벌확보이다. 이 후자에 있어서 특히 주목해야 할 것은 법인에 대한 형사책임으로 벌금형을 부과해도 법인 자신은 이를 마치 환경오염 배출시설의 운영비용으로 생각해서 필요경비로 처리하는 경우가 적지 않기 때문에 환경오염을 상습적으로 범하고 있음을 우리는 매스컴을 통해서 자주 보게 된다. 그러므로 기업체 내부에서 환경오염행위를 하도록 의사를 결정하고, 그 책임을 하부(下部)에 전가한 기업조직의 대표자, 대리인 또는 담당 부서장에게 그 책임을 물을 필요가 있는 것이다. 바로 이런 점을 중시하여 독일 형법 제14조는 법인의 대표자 또는 대리인 등에 대한 처벌 근거를 마련함으로써 기업형 환경범죄에 대한 대책을 세워두고 있다.

25

병역특례제도와 국가보안법

동아대학보 1996년 1월

법이라고 하는 것은 본래 인간을 인간답게 살 수 있도록 실현하기 위해 인간이 만들어 낸 지혜이다. 그러므로 법은 각 인간이 인간다움을 최대한 꽃피울 수 있도록 인간사회에서 이행해야 할 행위준칙을 핵심내용으로 삼는다. 이런 뜻에서 우리 헌법도 인간의 존엄을 천명하고 이의 불가침을 명시하면서, 인간이 인간답게 살 수 있도록 근본을 규율하고 있다. 헌법 이하의 모든 법률은 이러한 헌법정신을 받들어 실현시키는 것을 그 목적으로 하고 있다. 따라서 이러한 헌법정신에 반하여 반인륜적이거나 반이성적인 법률은 비록 법이라는 허울을

썼다고 하더라도 이미 정당한 법일 수 없다. 만일 그러한 법이 우리 법전에 현존해 있다면 과감하게 청소하는 것이 법의 정신, 즉 헌법정신에 투철한 것이다. 이런 점에서 우리는 "병역특례에 관한 법"과 "국가보안법"의 일부에 대해 주목할 필요가 있다.

먼저 병역법과 병역법 시행령에 규정된 "병역특례제도"에 대한 규정은 인권침해조항이라는 평가의 소지가 다분하다. 최근 대우정밀 노동자 조수원 씨의 자살로 세인의 관심을 끌게 된 병역특례제도는, 지난 1970년대 유신정권[18] 시절에 정책적으로 중화학공업을 육성하기 위하여 고안된 제도였다. 방위산업체나 국가기간산업체에 5년간 근무하면 병역을 마친 것으로 간주해 주었고, 복무기간은 다시 1993년 법개정을 통하여 3년으로 축소되었다. 그런데 이 병역특례제도의 문제점은 병역특례 노동자는 해고 사실만으로도 일방적으로 징집영장 발부가 가능하다는 점이다. 해고는 노동현장에서 다반사로 일어나는 현상이기 때문에 최소한 정당한 해고인지 근로자에게 변명할 기회라도 주어야 하지 않을까? 그런 기회조차 없는 병역특례제도는 결국 악덕 사용자나 공공기관의 자의에 따라 근로자를 부당하게 처우할 수 있는 빌미를 주고 있는 법이 되었다. 그리고 특히 병역특례 노동자가 도중에 회사를 그만두면 그동안에

18) 10월 유신: 1972년 10월 17일 대통령 박정희가 장기 집권을 목적으로 단행한 초헌법적 비상조치.

근무한 기간은 전혀 복무기간으로 인정되지 아니한다. 이 점 역시 인권침해 규정이라는 의혹을 사기에 충분하다 하겠다. 그러므로 병역법 등에 규정된 잘못된 규율은 올바른 방향으로 개정함으로써 제2의 조수원 씨가 1996년에는 발생하지 않았으면 한다.

악법개폐 문제가 논의될 때 항상 개정 대상 제1호로 주목받던 반공법[19]은 폐지되고 그 대신 1980년 국가보안법이 반공법을 대신하게 되었다. 이 국가보안법도 반공법처럼 역대 정권의 각별한 사랑을 받아온 덕분에 그 악법의 시비에도 불구하고 놀라운 생명력을 유지하고 있다. 특히 논란이 많던 반공법의 찬양·고무죄와 불고지죄는 그대로 국가보안법에 승계되었다. 물론 1991년에 일부개정으로 그 적용 범위가 축소되거나 완화되었지만. 그럼에도 동법 제7조 제1항 찬양·고무죄의 경우 "자유민주적 기본질서를 위태롭게 한다는 정을 알면서 반국가단체의 활동을 찬양·고무·선전한 자 등은 7년 이하의 징역에 처한다"는 규정은 전혀 이해 불가능하지는 않다. 문제의 쟁점은 이러한 범죄의 미수(동법 제7조 제6항)를 처벌할 뿐만 아니라, 심지어 예비·음모(동법 제7조 제7항)에 대해서까지 처벌한다는 데 있다. 단순히 찬양한다고 하여 자유민주적 기본질서가 침해된다는 사고방식은 극단적 사상형법(思想刑法)이며, 이런 사상형법은 로마시대 이후 극복되었다는 점에서, 말

19) 5·16군사정변 이후 공산주의 활동을 처벌하기 위해 제정·공포된 법률.

로는 한국도 법치국가원칙이 준수된 국가라는 선전이 우스꽝스러워 보인다. 이뿐만 아니라 동법 제7조 제1항의 미수를 넘어서 예비음모까지 처벌하는 작태는 법치국가원칙에 대한 상극이고 하루빨리 극복되어야 할 규정이다.

또한 불고지죄 규정에 의하면 이른바 간첩행위를 한 자를 알면서 수사기관 등에 알리지 아니한 자는 5년 이하의 징역이나 200만 원 이하의 벌금에 처하고, 다만 본범과 친족관계에 있을 때 그 형을 감경 또는 면제하도록 하고 있다. 따라서 간첩을 만난 사람이 그 사실을 수사기관에 알리지 아니하면 중한 형벌에 처하게 된다. 이 정도까지는 국가의 안보상 이해할 수 있다고 본다. 그러나 만일 간첩이 부모나 형제인 경우, 그런 경우도 우리는 그 사실을 수사기관에 알려 부모형제가 처벌될 수 있도록 해야만 처벌을 면하게 된다. 부모가 자식을 처벌해 달라고, 자식이 부모를 처벌해 달라고 신고를 강요하는 반인륜적 법률이 오늘날에도 우리 법전에 당당하게(?) 존치하고 있다. 그리고 우리 대법원도 그러한 불고지죄 규정을 위헌이 아니라고 하니 그저 기가 막힐 따름이다. 우리 헌법 제10조의 기본권보장 조항[20]과 제19조의 양심의 자유 규정을 들먹거리지 아니하여도 그것은 대단히 잘못된 것이다. 언젠가 우리의 도덕 교과서에 아버지를 당에 신고하는 비정한 공산주의적

20) 모든 국민은 인간으로서의 존엄과 가치를 가지며, 행복을 추구할 권리를 가진다. 국가는 개인이 가지는 불가침의 기본적 인권을 확인하고 이를 보장할 의무를 진다.

인간상을 신랄하게 비판하는 내용이 실렸었다. 그러면 우리의 불고지죄 규정은 북한의 그것과 무엇이 다른지 다시 한번 곰곰이 생각해 볼 문제이다.

26

문민정부를 구성하게 될 김영삼 대통령 당선자에게

1992년 1월

나라에는 그 근본이 있고 근본의 토대가 되는 사상이 있다. 그 사상의 흐름을 올바로 파악하고 왜곡되지 않게 꽃피울 수 있는 지혜를 겸비한 유능한 인재가 차기 정부를 구성하는 핵심 인물이 되어야 한다.

이른바 군사정부 내지 군사 통치에 대립하는 개념으로 문민정부 또는 문민정치를 부르짖고 있는 요즈음 문민정부의 실체는 군인이 아니었던 사람이 정부의 핵심 구성원이 되고 핵심 정치인이 되는 데에 있지 않고, 정부의 핵심 구성원이 나라의 근본적인 가치관을 올바로 파악하고, 인간의 존엄과 가치를 바로 이 한반도에서 제대로 구현하려는 헌법정신 속에 있는 것이다. 즉 국민 모두 인간다운 삶을 누릴 수 있도록 혜안을 가지고, 이를 행동으로 일궈내는 성실한 사람들이 문민정부의 구성원이 되고 문민 정치인이 되어야 한다.

그렇게 하기 위해서는 첫째, 대통령 당선자가 투철한 인권의식과 아울러 깊은 철학을 겸비하고 우리의 현실을 제대로 파악하고 대처할 수 있는 지혜와 지식을 갖추어야 한다.

둘째, 대통령 당선자는 문민정부에 어울리는 사상과 혜안을 갖춘 자를 정부의 핵심 구성원으로 선정해야 한다.

셋째, 대통령 당선자는 앞으로 5년이란 재임기간 동안 무엇인가 한 건 성취하겠다는 생각을 버리고, 이 땅에 참다운 자유와 민주, 평등과 번영 그리고 인도주의적 정신이 꽃피울 수 있게 그 초석을 닦겠다는 사명 의식으로 임해야 할 것이다.

넷째, 따라서 대통령 당선자 스스로 권위 의식을 과감히 버리고, 도덕적으로 성숙하고 정치적으로 책임을 지는 모범을 보여야 한다. 원칙과 질서를 중시하고 바른 줄서기를 생활화하도록 장려해야 하겠지만, 학연, 지연, 친인척, 군장성출신(軍將星出身), 재력 또는 권력 등을 배경으로 갖가지 새치기를 하는 사회 풍조를 철저히 배척해야 한다. 나라의 산업 기둥인 기간산업체를 비롯한 기업체 발전에 가장 암적 존재인 공무원의 부패를 철저히 막아야 한다. 이뿐만 아니라 낙하산 인사의 폐지 등 인사의 적정, 창의적인 교육의 진작, 과학기술의 제고 등 모든 면에서 원칙을 세우고, 그 원칙에 따라 모든 일이 처리될 수 있는 터전을 마련하는데 최대의 중점을 두어야 할 것이다.

다섯째, 국가의 장래에 결정적으로 주요한 영향을 주는 근본적인 문제는 비록 비용이 들더라도 충분한 의견수렴을 거치는 것이 불가피하다. 그것이 자유민주주의의 핵심 사항이기 때문이다. 그리고 국가 차원의 모든 문제는 국정을 맡은 책임자의 자질에 따라 달리 해결되는 것이 아니라, 근본적으로 법치국가원칙의 바탕 위에서 풀도록 하여, 누가 책임자가 되더라도 예견가능한 해결이 되도록 제도적 차원의 기초를 바로 세워야 할 것이다.

끝으로 정권 유지 비용을 과감히 삭감하고, 교육과 과학기술을 위해 대대적으로 투자하고, 국민 누구나 인간다운 생활을 누릴 수 있도록 배려하는 데 힘써야 할 것이다.

27

전봉준과 동학농민운동

1. 사상적 기반

동학농민운동을 학문적으로 맨 처음 규명했던 분은 대한민국 국민이 아닌, 일본의 가지무라 히데키(梶村秀樹)[21]라는 역사학자였다. 그의 저서『朝鮮近代の民衆運動』에 따르면, 조선에서 동학과 농민운동의 태동에 대한 배경을 다음과 같이 규명하고 있다.[22]

① 18세기 이후 변질된 조선왕조 양반사회의 정치적 모순

② 삼정의 문란[23]

21) 그는 1935년 동경에서 태어나 1959년 동경대학 동양역사학과를 졸업했으며, 1963년 인문대학원 박사과정을 중퇴했다. 그의 전공은 근대와 현대 한국 역사여서 1961년부터 1979년까지 한국연구소에서 활동하였다. 동시에 1973년과 1979년에 가나가와대학의 조교수를 역임하였으며, 1989년 5월 29일 53세의 나이로 사망했다.

22)「梶村秀樹 著作集」 第四巻, 梶村秀樹과 梶村秀樹著作集刊行委員会·編集委員会, 1993년 11월 1일 출판.

③ 19세기 이후 서세동점(西勢東漸)의 위기감에서 국가보위 의식

④ 전통적 유교의 폐해에 따른 지도이념의 퇴색

⑤ 서학의 도전을 민족적 주체 의식으로 대응

⑥ 실학을 통해 현실비판과 개혁사상에 영향으로 피지배민중의 의식수준 향상

위의 내용은 비록 일본인의 눈에 비친 내용이지만, 이를 반박할 특별한 자료나 근거가 없고, 역사적 맥락에서 볼 때 크게 틀린 부분을 찾기도 어렵다는 점에서 수긍할 만하다고 보인다.

2. 전봉준의 핵심 사상

최재우가 창도한 동학사상은 천도사상(天道思想)을 핵심

23) 조선 재정의 주류를 이루던 전정(田政)·군정(軍政)·환정(還政) 3가지 수취체제가 변질되어 부정부패로 나타난 현상을 말한다. 전정은 공정하고 정확한 전지(田地)의 조사와 측량을 바탕으로 1년에 소출하는 양을 검사하여 균등한 전세를 부과하는 제도이다. 소출량에 대한 조사는 담당자인 수령과 토호들의 농간(弄奸)으로 공정한 세금부과가 어려워졌다. 이러한 관리들의 부정부패는 조선 후기로 갈수록 극대화되었다. 군정은 군적(軍籍)에 따라 번상병(番上兵)을 뽑고 보포(保布)를 정급(定給)하여 주는 제도였으나 15세기 말부터 군포를 내고 군역을 면제받는 관례가 생겨난 뒤 임진왜란 이후에는 직업군인이 생겨나고 군에 가지 않는 대상자들은 군포를 부과하는 방법으로 수취제도가 변질되었다. 지방 관아에서는 이웃에게 군포를 강제 징수하는 인징(隣徵), 가족에게 강제로 징수하는 족징(族徵), 마을 단위로 전체의 군포액수를 부담케 하는 동징(洞徵), 어린아이에게까지 군포를 징수하는 황구첨정(黃口簽丁), 이미 죽은 자의 이름으로 군포를 징수하는 백골징포(白骨徵布) 등과 같은 불법징수가 성행하였다. 환정은 춘궁기에 농민에게 식량과 씨앗을 빌려주었다가 추수한 뒤에 돌려받아 농업의 재생산을 도모하고 군자미를 매년 새로운 곡식으로 전환시키는 정책이었다. 그러나 빌려준 곡식을 돌려받지 못하는 사례가 늘어나고, 자연적으로 소모되는 곡식이 증가하자 모곡이라 하여 1/10을 이자로 더 돌려받게 되었다. 이후 국가 재정이 어려워지고, 아전들의 횡포가 늘어나면서 모곡의 양이 1/10에서 1/2로 늘어나는가 하면 빌려주는 원곡에 모래나 겨를 섞어 실제 양을 줄이고 후에 거두는 모곡은 원곡대로 받는 등 다양한 편법이 자행되었다.

내용으로 하는바, 천도사상이란 '우주 만물을 지배하는 질서와 구극적(究極的)인 이법(理法)'을 말하며, 이는 한울님이 가르치는 도로써 사람 섬기기를 하늘 섬기듯 하고, 모든 신분제를 타파하여 인간 평등을 실현하는데 두었다. 전봉준은 이런 동학사상을 근간으로 개항 이래 외래 자본주의의 침투에 의한 반식민지화와 국내 봉건적 관료층의 수탈로 신음하는 민중의 해방운동을 통해 반외세·반봉건화·신분제도 타파 등을 관철하려고 하였다. 특히 그는 토지의 평균 분작, 착취당한 세금의 환급과 노비문서의 소각을 통하여 민중의 생활고를 완화하고 노비의 해방과 민중에게 토지의 분배, 만인의 평등함을 실천하였거나 실천하려 하였다.

그리고 이러한 계획은 권위주의적 방식으로 진행되었던 것이 아니고, 정부에 올바른 시책을 건의하여 국정의 민주적 개혁을 이루어 내고 외세가 배제되어야 할 것을 요구했다.

이리하여 전봉준을 필두로 하였던 동학농민혁명 주체는 1894년 6월 6일 정부에 12개의 시정개혁을 제출하였다.

3. 동학농민군의 12개 시정개혁[24)]

① 동학교도와 정부와의 숙원을 없애고 공동으로 서정(庶政)에 협력할 것,

24) 1894년(갑오년) 6월 6일 조선 중앙정부가 동학농민군의 요구조건을 들어 주겠다고 회유해 맺은 조약이 이른바 전주화약(全州和約)이다. 이를 통해 동학농민군은 12개의 시정개혁을 요구하였고, 정부는 이를 받아들였다.

② 탐관오리의 죄상을 자세히 조사 처리할 것,

③ 횡포한 부호를 엄중히 처벌할 것,

④ 불량한 유림과 양반을 징벌할 것,

⑤ 노비문서를 불태울 것,

⑥ 칠반천인(七班賤人)의 대우를 개선하고 백정의 머리에 쓰게 한 평양립(平壤笠)을 폐지할 것,

⑦ 청상과부의 재혼을 허가할 것,

⑧ 무명의 잡부금을 일절 폐지할 것,

⑨ 관리 채용에 있어 지벌(地閥)을 타파하고 인재를 등용할 것,

⑩ 일본과 상통하는 자를 엄벌할 것,

⑪ 공사채(公私債)를 막론하고 기왕의 것은 모두 면제할 것,

⑫ 토지는 균등하게 분작(分作)하게 할 것 등이다.

4. 동학농민혁명의 효과

동학은 이를 실시하기 위하여 전라도 53개의 군에 일종의 민정기관인 집강소(執綱所)[25]를 설치하여 지방의 치안과 행정을 맡았다. 이와 함께 동학의 폐정개혁 12개 조항은 이후 갑오경장을 통하여 계급타파 · 인재등용 · 과부재혼 · 노예폐지 · 탐관오리(貪官汚吏)[26]의 처벌 · 천민 차별의 철폐 등 일부가 수용되

25) 1894년 동학농민군이 전주성을 점령한 뒤 난을 진압한다는 명분으로 군대를 파견한 청나라와 일본군의 철병을 원한 조선 정부와 전주화약을 맺은 후, 호남 지방 각 군현에 설치하여 중요한 재판이 있을 때 농민들이 직접 참여할 수 있는 농민자치기구이다.

었다. 이를 통해 비로소 조선에서 차별 금지와 시민의 자유 및 평등권의 보장, 그리고 부패정치인의 처벌이 다소나마 실현될 수 있었다.

동학농민혁명은 비록 부패한 봉건세력이 끌어들인 외세에 의해 좌절되었으나, 반식민지, 반봉건과 민중운동의 원천으로 이어졌고 3·1운동을 비롯하여 독립운동에도 큰 영향을 미쳤다. 아울러 동학농민혁명에 의해 발전한 민중 의식은 갑오개혁의 불씨가 되었으며, 이를 통하여 토지 소유의 진전, 왕권의 제한, 노비제도의 폐지와 이름이 없는 잡세의 폐지 등을 가져왔다.

26) 자신의 이익을 위해 부정한 짓을 일삼는 타락한 벼슬아치를 이르는 말이다.

Chapter

3

인간의 존엄과 형벌

28

인간의 존엄성

헌법 제10조에 따르면 "모든 국민은 인간으로서의 존엄과 가치를 가지며, 행복을 추구할 권리를 가진다. 국가는 개인이 가지는 불가침의 기본적 인권을 확인하고 이를 보장할 의무를 진다."고 천명하고 있다. 즉 우리 헌법은 '인간으로서의 존엄과 가치'를 기본권의 핵심적인 내용으로 삼고 있으며, 국가에 '인간으로서의 존엄과 가치'를 주축으로 삼는 기본권의 보장의무를 부과하고 있다. 이런 점에서 헌법은 기본권의 존재가치를 무엇보다 '인간의 존엄성'[1]에 두고 있음을 볼 수 있다. 이에 따라 우리 헌법상 보장된 '인간의 존엄과 가치'는 기본권질서의 출발점이자 헌법질서의 기초적 바탕이다. 그리고 '인간의

1) 헌법이론적 관점에서 '인간의 존엄성'에 관한 자세한 연구로는 김병곤, 「인간의 존엄」, 교육과학사, 1996, 3쪽 이하 참조.

존엄과 가치'는 어떤 경우에도 양보할 수 없는 헌법상 최고의 가치이므로 헌법개정의 한계인 동시에 모든 기본권의 본질적 내용으로서 기본권 제한입법의 한계이기도 하다.[2)]

헌법은 모든 국민이 가지는 인간의 존엄과 가치를 위해 개별적 인권을 헌법 제11조 이하에서 보장하고 있을 뿐만 아니라 일반적 인권 역시 존중되어야 함을 헌법 제37조 제1항에서 천명하고 있다. 왜냐하면 인간의 존엄과 가치의 보장은 인권 보호로부터 출발하고, 인간으로서의 존엄과 가치가 보장될 수 있어야만 비로소 인간은 인간다운 삶의 기반인 기본적 인권을 누릴 수 있기 때문이다.

무릇 인권[3)]이란 "인간 자신의 인간다운 삶을 영위하기 위해 불가피하게 전제되는 기본적 권리"라고 할 수 있다. 인간은 누구나 타인의 권리와 사회공동체의 공공복리를 해치지 않는 한, 자신의 능력을 마음껏 꽃피울 수 있는 기본적 권리를 가지기 때문이다.[4)] 인권은 인간에 대한 존엄성을 전제로 하고 있다. 그런데 많은 사람은 인간의 존엄에 관해 언급하고 있지만, 인간이 존엄해야 할 이유에 관해서는 별로 설명이 없다. 다만 인간의 존엄이 무엇인가에 관해서는 적지 않은 언급을 찾아볼

2) 이에 관해서는 허영, 「헌법이론과 헌법」(제5판), 박영사, 2000, 464쪽 참조.
3) 현대사회에서 인권의 개념 형성과 한계에 관해서는 이상돈, 「인권법」, 세창출판사, 2005, 3쪽 이하 참조.
4) 독일 헌법 제2조 제1항: Jeder hat da Recht auf die freie Entfaltung seiner Persönlichkeit, soweit er nicht die Rechte andere verletzt und nicht nicht gegen die verfassungsmäßige Ordung oder das Sittengesetz verstößt.

수 있다. 지금껏 주장된 인간존엄의 핵심 내용을 살펴보면, "인격을 가진 인간의 자기존재와 인간의 고유가치로서 인간 자신을 위하고 동시에 그 자신을 목적으로 하는 존재가치로 이해한다."[5)]

이러한 의미를 가진 인간 존엄성에 근거하여 모든 인간은 한편으로 출신, 성별, 연령, 성적 지향(性的 志向)이나 신분에 상관없이 평등한 존재이자 양도할 수 없는 불가침적 권리를 향유하는 주체이고, 다른 한편으로 인간 자신을 다른 생명체나 어떤 사물보다 절대적 우월권을 갖는 존재가치로 인정한다. 이런 불가침적 권리의 주체이자 우월적 존재가치를 지닌 인간을 위해서 국가는 각 개인의 자기결정권을 포함한 개인적 행복추구권 등 인격권이 담보되는 사회적 안정과 평화 유지 그리고 정의사회 구현의 책무를 지닌다.

이 때문에 세계인권선언문[6)]도 인간의 존엄은 '자유와 평화 그리고 정의'[7)]를 누릴 수 있는 국가나 사회를 전제하고 있다. 즉 "자유와 평화 그리고 정의의 실현이 널리 꽃피울 수 있는 사회야말로 기본적 인권이 보장되어 있고, 그래서 인간적 삶을 제대로 영위할 수 있는 이상적인 사회"[8)]라고 본다. 이런 이유로 세계인권선언문은 기본적 인권이 무시될 수 있는 사

5) 예컨대 김병곤, 앞의 책, 3쪽 이하 참조.
6) 1948년 12월 10일 유엔총회결의 제217호 A(Ⅲ)에 의해 선포됨.
7) 이 점은 시민적 및 정치적 권리에 관한 국제규약의 전문에서도 명시되어 있다. 이에 관해서는 동 국제규약(1966년. 3. 23일 발효, 한국에서의 적용은 1990. 7. 10일).
8) 세계인권선언의 前文 참조.

회, 예컨대 인간에 대한 차별과 인간의 양심을 모독하고, 언론과 신앙의 자유를 압박하며, 자기결정권을 충실히 실현될 수 없는 사회나 국가는 인간의 존엄성을 실현할 수 없다고 선언하였다.

인간은 그 자체 존엄성을 갖는 존재라면, 왜 기본적 인권을 누려야 할 주체에 해당하는지와 또한 존엄한 가치의 대상으로서 인정받을 수 있을까? 이러한 물음에 대한 올바른 해명이 있어야 인권의 핵심 내용과 그 한계에 관하여 제대로 대답할 수 있을 것이다.

인간의 존엄성에 관련하여 오래전부터 다양한 입장이 난무하고 있다. 역사상 현자에 속했던 아리스토텔레스는 "인간이 동물 중에서 가장 훌륭하고 인간은 유일한 이성적 동물이기 때문에 인간은 존귀하다."고 보았다.[9] 로마시대의 세네카에 따르면, "인간은 인간이기 때문에 존엄하다(homo sacra res homini)."[10]고 논평하였다. 그런가 하면 동양의 순자(荀子)는 "인간은 기(氣: 활동하는 힘)가 있으며 생명이 있고, 지각(知覺)과 의(義: 옳음)가 있어서 동물과 자연과는 본질상 차이가 있으므로 천하에서 인간이 가장 존엄하다."라고 보았다.[11] 인간의 존엄성에 관한 이러한 생각은 근대의 시민혁명에 의해 종교적 관점을 극복한 이후에도 내용적으로 크게 달라지지 아니했다.

9) 최명관 역, 「니코마스윤리학」, 서광사 1990, 305쪽.
10) "Man is a sacred thing for man."
11) 조성을 옮김, 「중국고대사상사」, 까치, 1990, 150쪽 이하 참조.

예컨대 칸트에 따르면, "인간이 정신적·윤리적 존재로서 자기의식과 자기행위에 관하여 자기가 결정하고 주위와 세계에 대하여 자기가 발휘하는 소질을 갖고 있다."[12]는 점에 주목한다. 정신적 존재로서 인간은 이성을 갖고 있다는 점에서 칸트는 "인간의 정신작용인 도덕적 자율성(sittliche Autonomie)이 모든 이성적 존재의 존엄 근거가 된다."[13]고 보았다.

인간의 존엄성에 관해 언급한 이들 입장의 핵심은 인간이란 다른 동물과 달리 이성이 깃든 존재이고, 이성을 통하여 타인에 대한 배려와 연대하고 이와 함께 건강한 공동체의 형성을 위한 윤리적 책무를 부담하는 특별한 존재라는 점에서 인간은 존엄하다는 결론이다.

그러나 이러한 생각은 지나치게 인간본위적이자 편협하고 단편적인 견해가 아닐까? 왜냐하면 인간의 이성이 구체적으로 무엇이며 어떠한 능력을 지녀서 어떤 역할을 실행하거나 할 수 있는지에 관해 충분히 해명되지 않았고, 또한 이성이 깃든 동물 모두는 존엄해야 하며, 이성이 멈춘 인간, 예컨대 정신이 나간 사람은 존엄할 수 없다는 독단론에 빠질 수 있기 때문이다.

이런 점에서 볼 때 인간이 존엄한 이유를 '이성이 깃든 존재'라는 1차원적 관점이 아닌, 다원적 관점에서 파악해야 하지

12) Hamann/Lenz, Das Grundgesetz für die Bundesrepublik Deutschland vom 23, Mai 1949, Kommentar 3. Aufl., Neuwied/Berlin 1970, S. 128.

13) Grundlegung zur Metaphysik der Sitten, von Wilhelm Weischedel, in: Schiften zur Ethik und Religionsphilosophie, Darmstadt 1983, S. 140.

않을까? 필자는 다음과 같은 세 가지 관점이 인간이 존엄한 것으로 평가될 수 있는 근거로 삼고 싶다.

첫째로 언어를 구사하고 상상의 나래를 펼 수 있었던 인간[14)]은 인간 자신의 자유 확보와 안위를 위해서 타인과 상호 연대하고 협력하여 경제와 문화 및 사회질서를 형성하였다. 그렇게 형성된 인간사회는 그 구성원인 개개인의 자유와 평화 그리고 정의로운 삶의 유지에 존립 기반을 이루었다. 인간의 이러한 능력은 다른 생물들에 대한 가치적 우위를 확고히 하고 객관적 설득력을 갖추기 위하여, "인간 자신에 대해 다른 생명체와는 근본적으로 구별되는 우월한 능력을 인정하고, 인간 자신을 존경받을 만한 가치가 있는 주체"로 인정될 수 있도록 구조화되어 왔다. 이와 함께 인간사회 자체는 이러한 인간존엄을 위한 수단으로 여겼다. 수단은 목적에 봉사해야 하므로, 인간사회는 그 구성원에게 인간의 존엄을 제대로 누릴 수 있도록 제도를 구비하고, 실행해야 할 책무를 진다.

둘째로 인간은 그가 속한 사회의 발전을 위해 봉사하고 헌신한 주체이다. 즉 사회의 융성을 위해 여태껏 헌신적 봉사를 실행한 자는 인간이지, 다른 그 어떤 생물일 수 없다. 인간의 봉사와 희생으로 인간다운 삶을 누릴 만한 인간사회를 형

14) 인간의 유전자 구조에 내포된 FOXP2라는 유전자돌연변이가 인간에게 말할 수 있는 특별한 능력을 주었다. 인간이 말을 함으로써 다양한 의사전달이 가능함에 따라, 인간은 타인에 대한 뒷담화를 할 수 있었고 이와 함께 갖가지 상상력의 발휘로 신화와 사회질서를 형성할 수 있었다.

성하였다면, 그 사회는 그런 인간을 위해 그에 합당한 봉사의 책무를 져야 한다. 즉 사회발전을 위해 헌신한 인간에 대해 사회는 인간을 존엄의 대상으로 삼아야 할 책무를 진다.

셋째로 성숙한 인간이라면 자신의 올바른 행위지침을 자신의 통찰력으로써 파악하여 그에 따른 행위방향을 설정할 수 있다. 그러기에 인간은 자신의 설정된 행위준칙에 근거하여 평화로운 사회를 형성해 나가야 할 책무를 지닌 주체이다. 즉 인간은 다른 생물과 달리 자신의 행위를 사회 속에서 적절히 조종해 나가면서 사회적 갈등을 회피해야 하며, 건전한 사회발전을 위해 자신의 능력에 어울리는 행동을 해야 할 책무가 있는 인격체이다. 인간사회에 대한 이러한 책무의 부담은 인간을 존엄의 대상으로 삼아야 할 이유이다.

29

사형제도의 폐지 필요성

법정신문, 1992년(1996년 보완)

우리 헌법 제37조 제2항에서는 일정한 경우 국민의 기본권을 법률로써 제한할 수 있다고 하면서도, 그러나 "제한하는 경우에도 자유와 권리의 본질적인 내용을 침해할 수 없다."고 명시하고 있다. 또한 기본권의 본질적 내용을 침해할 수 없도록 한 전제로서 헌법 제10조에서 "모든 국민은 인간으로서의 존엄과 가치를 가지며,"…"국가는 개인이 가지는 불가침의 기본적 인권을 확인하고 이를 보장할 의무를 진다"라고 천명하고 있다. 그럼에도 현행 형법 제250조(살인) 등 다수의 법조문에서 법정형으로 사형을 규정하고 있을 뿐만 아니라, 실무상으로도 사형을 선고한 경우가 적지 않으며, 1997년까지 거의 해마다 사형을 집행하였다.15) 그리고 그 근거를 헌법재판소는 다음과 같이 주장한다.

"인간의 생명을 부정하는 등의 범죄행위에 대한 불법적인 효과로서 지극히 한정적인 경우에만 부과되는 사형은 죽음에 대한 인간의 본능적인 공포심과 범죄에 대한 응보 욕구가 서로 맞물러 고안된 '필요악'으로서 불가피하게 선택된 것이며, 지금도 여전히 기능하고 있다는 점에서 정당화될 수 있다. 따라서 헌법상의 비례의 원칙에 반하지 아니한다고 할 것이고, 헌법이 스스로 예상하는 형벌의 종류이기도 하므로 아직은 헌법 질서에 반하는 것이라고 판단되지 아니한다."…"형법 제250조 제1항이 규정하고 있는 살인의 죄는 인간 생명을 부정하는 범죄행위의 전형이고, 이런 범죄에는 그 행위의 태양이나 결과의 중대성으로 보아 반인륜적 범죄라고 규정지울 수 있는 극악한 유형도 포함되어 있다. 따라서 사형을 형벌의 한 종류로서 합헌이라고 보는 한, 그와 같이 타인의 생명을 부정하는 사형을 그 불법 효과의 하나로서 규정한 것은 행위자의 생명과 그 가치가 동일한 하나의 혹은 다수의 생명을 보호하기 위한 불가피한 선택이라 볼 수밖에 없으므로 이를 비례의 원칙

15) 1948년 이후 902명이 사형당하였다. 우리나라는 1997년 12월 30일 이후 사형집행이 중단되어 실질적 사형폐지국으로 분류된다.

에 반한다고 할 수 없어, 헌법에 위반되는 것이 아니다(헌재결 1996. 11. 28., 95헌바1).”

대법원도 역시 사형제도의 존치를 주장한다. 그 근거로 인간의 생명에 대한 절대적 존엄은 인정하지만, 우리나라의 실정과 도덕적 감정, 그리고 법문에 나타난 표현 등을 고려해 볼 때 사형제도의 폐지는 아직은 시기상조라는 입장에서 출발하고 있다. 그 점은 대법원의 판결문을 읽어보면 더욱 뚜렷해진다. “… 생명은 한 번 잃으면 영원히 회복할 수 없고, 이 세상에서 무엇과도 바꿀 수 없는 절대적 존재이며, 한 사람의 생명은 전지구보다 무겁고 또 귀중하고도 엄숙한 것이며, 존엄한 인간 존재의 근원인 것이다. 이와 같이 존귀한 생명을 잃게 하는 사형은 형벌 중에서도 가장 냉혹한 형벌임에 틀림없다. … 그러므로 사형제도는 항상 국가의 형사정책면과 인도상의 문제로서 심각하게 고려되고, 비판될 문제이기는 하나 이것은 국가의 발전과 도덕적 감정의 변천에 따라 그 제도의 입법적 존재가 문제될 것이므로 소론과 같은 금후의 입법에 있어서 언제나 좋은 고려의 양식이 되리라고 믿는 바이나 헌법 제9조(헌법 제10조)에는 모든 국민은 신체의 자유를 가진다. 법률에 의하지 아니하고는 체포, 구금, 수색, 심문, 처벌과 강제노역을 받지 아니한다고 규정하므로서 처벌에 관한 규정을 법률에 위임하였을 뿐, 그 처벌의 종류를 제한한 바 없을 뿐만 아니라, 헌법 제28조(현행 헌법 제37조 제2항)은 국민의 모든 자유와 권리는 질서를 유지하고, 공공복리를 위하여 필요한 경우에 한하여 법률로써 제한한다고 규정함으로써 질서유지와 공공복리를 위하여는 법으로서 자유와 권리를 제한할 수 있음을 헌법이 허용하였는바 현재 우리나라의 실정과 국민의 도덕적 감정 등을 고려하여 국가의 형사상 정책으로서 질서유지와 공공복리를 위하여 형법, 군형법 등에 사형이라는 처벌의 종류를 규정하였다 하여도 이것을 헌법에 위반된 조문이라고 할 수 없으므로…" 사형제도는 위헌이 아니라고 하였다(대판 1963. 2. 28., 62도241).

이 판결이 있고 난 후 4년 뒤에 있었던 대법원판결도 위의 판결문을 그대로 복사한 수준을 벗어나지 못했다. "사형이란 형벌을 두고 이를 양정 처단하는 문제는 항상 형사정책면과 인도상의 문제로 심각하게 고려되고 국가의 발전과 도덕적 감정의 변천에 따라 입법적으로 존폐가 고려될 문제이기는 하나 현재의 우리나라 실정과 국민의 도덕적 감정을 고려하여 국가의 형사정책으로 질서유지와 공공복리를 위하여 형법 등에 사형이라는 형벌을 규정하였다고 하여 이것을 헌법에 위반된 조문이라 할 수 없다."(대판 1967. 9. 19., 67도988)고 하였다. 그리고 살인을 한 자에 대해서는 사형이라는 형벌을 법정형으로 인정하고 있는 형법 제250조 제1항, 형벌의 종류로서 사형제도를 인정하고 있는 형법 제41조 제1호 그리고 사형의 집행방법을 명시하고 있는 형법 제66조와 행형법 제57조 제1항(현행 형의 집행 및 수용자의 처우에 관한 법률 제91조 제1항)은 헌법

에 위배된 것이라고 볼 수 없다고 하였다.16)

사형제도가 위헌이냐의 문제를 논할 때 조심해야 할 것은, 우리의 최고법인 헌법에서 사형을 어떻게 보고 있느냐를 중심 문제로 삼아야지, 단순히 법감정이나 국민감정이라는 윤리적인 요소로 포장하여 사형제도의 위헌성 문제를 논하는 것은 극복해야 한다는 점이다. 그러므로 사형제도의 위헌성 존폐 문제를 논할 때, 가능하다면 헌법 또는 헌법정신에 의한 해석을 통해서, 합리성과 논리성 그리고 정당성이 담보된 헌법해석 원칙에 따라 결정되어야 한다.

사형제도를 존치할 필요가 있다고 주장한 헌법재판소는 그러나 이상하게도 사형은 제도 살인이기에 이를 선고하는 것은 신중해야 한다면서 사형제도는 시대 상황이나 국민의 법감정에 따라 결정될 문제라며 다음과 같이 설파한다.

"…사형이란 일종의 제도살인의 속성을 벗어날 수 없는 점에 비추어 우리의 형사관계법령에 폭넓게 사형을 법정형으로 규정하고 있는 법률조항들(89개 조항)이 과연 행위의 불법 사이에 적정한 비례관계를 유지하고 있는지를 개별적으로 따져야 할 것임은 물론 나아가 비록 법정형으로서의 사형이 적

16) 이후 헌법재판소는 2010년에 다시 한번 사형제도의 위헌성을 판단하였고, 재차 사형제도가 합헌이라고 결정하였다. 다만 1996년에는 재판관 7명이 합헌 의견을 제시했으나 2010년에는 재판관 5명이 합헌 의견을 제시하였다. 헌법재판소가 위헌결정을 하려면 재판관 6명 이상의 찬성이 있어야 한다(헌법재판소법 제23조 제2항 제1호). 헌법재판소는 9명의 재판관으로 구성되어 있다(같은 법 제3조). 2019년 2월 사형제도에 대한 헌법소원심판이 청구되어, 헌법재판소의 세 번째 결정을 기다리는 중이다.

정한 것이라 하더라도 이를 선고함에 있어서는 특히 신중을 기해야 한다. 또 위헌·합헌의 논의를 떠나 사형을 형벌로써 계속 존치시키는 것이 필요하고 바람직한가에 대하여 진지한 찬반 논의가 계속되어야 할 것이고, 시대 상황이 바뀌어 사형이 가진 위하의 범죄예방 필요성이 없게 되거나 국민의 법 감정이 그렇다고 인식하는 시기에 이르게 되면 사형은 곧바로 폐지되어야 한다. 그럼에도 사형이 그대로 남아 있다면 헌법에도 위반되는 것으로 보아야 한다."

사형의 위헌성에 대한 이러한 헌법재판소의 인식은 그러나 지극히 비논리적이다.

왜냐하면 첫째로 사형을 선고할 때 어떠한 재판관도 신중했지, 가벼운 마음으로 한 법관은 아마도 아무도 없었을 것이기 때문이다.

둘째로 "사형제도가 시대 상황이 바뀌어 사형이 가진 위하의 범죄예방이 필요 없게 될" 때를 기다리라고 하는 데에서는 실소를 금하지 않을 수 없다. 사형제도가 범죄예방의 위하력이 없게 될 때가 있을 수 있을까? 그것은 있을 수 없는 일이다. 문제는 형벌은 최후수단으로 사용되어야 한다면, 사형보다 더 약한 형벌(예를 들면 무기형)로 사형과 거의 동일한 형벌의 효과를 가지면, 그때 사형이란 형벌이 필요 없게 되는 것이다. 사형이 범죄예방의 효과에 도움을 줄 수 없을 때란 인류의 역사상 결코 찾아올 수 없을 것이다.

셋째로 "국민의 법 감정이 사형이 가진 위하의 범죄예방 필요성이 없다고 인식하는 시기에서야 사형의 존치는 위헌성을 갖는다."라는 발상도 역시 비논리적, 비정상적 발상이다. 왜냐하면 국민 누구도 사형이 가진 범죄예방의 위하력은 부인하지 않을 것이고, 그것은 역사가 변한다 해도 변하지 않은 우리의 역사적 경험이 말해 주고 있기 때문이다. 다만 국민의 몇 %가 사형폐지를 찬성하는가에 대해서는 시대와 장소에 따라 변할 수 있을 뿐이다.

넷째로 "사형은 헌법이 예정하고 있는 형벌의 한 종류이기도 하므로 사형제도는 헌법질서에 반하지 않는 것으로 판단되지 아니한다."라고 주장한 데에도 문제가 있는 주장이다. 왜냐하면 모든 헌법 규정은 동일한 가치가 있는 것이 아니라는 것은 공지의 사실이기 때문이다. 따라서 헌법의 근본규범이라고 할 수 있는 헌법 제10조와 헌법 제37조 제2항 단서가, 전쟁과 같은 비상사태에서 야기되는 극도의 혼란을 방지하기 위하여 적군 등을 죽여야 하는 예외적 사정 하에서 적용될 수 있는 헌법 제110조 제4항 단서 때문에, 그 본질적 가치를 잃어버리게 해석되어도 타당한지 매우 의심스럽다. 더구나 우리 헌법은 사형제도가 정당한 것이라고 명시하지 않았다. 다만 헌법 제110조 제4항 단서에서 국가비상사태 등의 경우 사형을 단심으로 할 수 없음을 명시하고 있을 뿐이다. 그런데 헌법의 이 규정은 헌법에서 사형제도를 두지 않을 때 의미가 없게 된다. 즉 사형제도의 위헌성은 헌법에서 찾을 수 없고, 형법에서 찾게 된 셈이다.

대법원의 판례 역시 논리성과 정당성이 담보되는 판단인지 지극히 의심스럽다. 왜냐하면 한편으로 생명의 존엄을 절대적으로 인정하면서도 다른 한편으로 국민의 사형에 대한 법감정과 형사정책적 견지에서 사형제도의 존치가 인정된다는 견해는 법리적 논증일 수 없고 감정에 호소하려는 작태이며, 인간의 생명을 절대적으로 존중한다는 것은 한반도의 특수 사정이나 국민의 법의식 또는 형사정책적 차원에서도 영향을 받지 않는다는 뜻임은 틀림없음에도 사형제도는 합헌이라고 납득할 수 없는 괴변으로 변명하기 때문이다.

사형제도는 폐지되어야 한다.

그 이유는 첫째, 사형제도는 인간의 존엄 보장이라는 헌법상의 보장된 권리를 침해하는 것이다. 적어도 자유민주주의 국가는 개인의 생명과 신체 그리고 재산 등을 보호하기 위해 성립된 유기체이기 때문에, 국가 존립의 존립 목적은 국가이익을 보호의 최우선대상인 것이 아니라, 개인의 자유 확보가 더욱 제1차적인 것이 되어야 한다(헌법 제10조: 인간의 존엄과 가치의 보장). 그럼에도 사형제도의 존치가, 입증도 되지 않은 국가유지 목적을 위해, 불가결한 헌법상의 원리라고 보는 견해는 설득력이 없으며, 헌법상 명시된 개인의 기본권보장을 위해 사형제도가 불가피하다고 주장함이 인간의 존엄을 천명한 우리의 헌법정신에 어울린다고 강변할 수 있을까? 더구나 헌법은 제37조 제2항에서 과잉금지원리를 천명하고 있다. 즉 국가안전보장·질서유지 또는 공공복리를 위해서는 기본권을 일부 제한할 수 있지만, 그럼에도 기본권의 본질적 권리는 침해할 수 없다면, 생명은 인간의 본질적 권리에 해당하므로 생명의 침해는 국가안전보장이나 공공복리 등 그 밖의 어떠한 이유에 의해서도 허용될 수 없는 것이다.

둘째로 형법상 사형제도의 정당성은 형법에서 찾을 것이 아니라 헌법에서 찾아야 한다. 그런데 헌법 제110조 제4항 단서는 형법상 사형제도를 두고 있고, 이에 기초하여 국가비상사태 하에서도 사형할 만한 사건이 발생한 때 비로소 의미를 발견할 수 있다. 즉 형법상 사형제도가 존재하지 않으면 헌법 제110조 제4항 단서는 무의미하게 된다. 그렇다면 우리는 사형제도의 정당성을 헌법에 근거해야 하는데, 도리어 우리 헌법은 사형제도의 정당성을 형법상 규정에 두고 있는 셈이다. 그 결과 만일 국가비상사태일 때 형법상 사형제도가 없거나 혹은 사형을 선고할 만한 사건이 없으면, 헌법 제110조 제4항 단서 조항은 무용지물이 된다. 이것이 의미하는 바는 우리나라에서는 사형제도의 정당성을 헌법에서 찾을 수 없고, 도리어 형법에서 찾고 있음을 보여준다. 그러나 이는 잘못되어도 크게 잘못되었다. 왜냐하면 헌법재판소는 사형제도의 정당성을 상위법인 헌법에서 찾지 못하고, 하위법인 형법의 규정을 전제하고 있기 때문이다.

셋째로 형사정책상 사형제도의 존치가 범죄예방 억지에 최선의 효과적인 방법은 아니라는 점이다. 예컨대 살인할 때, 그 살인으로 사형받게 된다는 충분한 계산 아래서 살인을 범하는 것은 지극히 예외적이고, 살인행위의 75% 이상은 취한 상태에서 흥분하여 우발적으로 범한다는 점이다. 즉 인간의 인격성이 미약한 상태에서 살인행위가 대부분 이루어진다. 설사 범인이 계획적으로 살인을 했다고 하더라도 그는 살인에 대해 사형이란 형벌을 제1차적으로 고려한 것이 아니라, 어떻게 하면 수사망을 피할 것인가를 더 우선적인 문제로 생각한다. 그 때문에 사형이란 형벌이 가져다주는 흉악범죄 예방이나 흉악범죄 억제 효과는 미미한 것이고, 그보다는 오히려 범죄를 범하면 잡힌다는 의식을 심어주도록 과학적이고 철저한 수사가 흉악범죄예방이나 흉악범죄억제에 더 효과가 있는 것이다. 더 나아가 무기형만 있고 사형제도가 존재하지 않는다고 해서 계획적 흉악범죄의 빈도가 훨씬 많아지는 것은 아닐 것이다. 왜냐하면 무기형을 각오하고 살인을 한 자는 사실 사형을 각오하고 살인을 한 경우가 십중팔구이기 때문이다. 그렇다면 오늘날 우리 사회에서 근절되지 않고 있는 흉악범을 예방하기 위해서 사형제도가 존치할 필요가 있다는 여론의 대세는 경험과학적 근거에 의거한 것이 아니다. 사형제도가 가져다주는 역기능과 순기능을 충분히 홍보한 후에 여론조사를 실시한다면, 그 결론은 정반대가 될 가능성도 크다. 더욱이 형사정책상 사형을 가하지 않더라도 국가나 사회가 안정적으로 유지·발전될 수 있다는 것을 많은 외국의 사례가 보여주었고, 이는 국가의 존립을 위해 사형제도가 불가피한 일이 아님을 입증하는 것이다.

넷째, 사형이란 범죄피해자 측에는 일시적인 보상감을 줄지 모르지만, 사형을 당한 당사자에는 비인간적이고 야만스럽기 짝이 없는 잔인한 형벌이며, 인간적으로 참을 수 없는 고통을 줄 뿐만 아니라, 그 당사자의 직계존비속에게도 일생 동안 가슴에 못을 박는다. 형벌은 죄를 범한 그 자신에게만 미쳐야지 사형처럼 사형수의 부모에게 인간적으로 참을 수 없는 고통을 가져다주는 것은 또 다른 사형인 셈이며, 그 때문에 그 직계존비속의 삶의 질을 근본적으로 초토화시키는 것이 된다.

다섯째, 형벌이란 행위자가 오직 자기가 범한 죄만큼 받게 되는 고통으로 끝나는 것이 아니라, 자기가 범한 죄에 대한 사회적 비난이란 멍에를 씌우도록 함으로써 장래 일반인에 대한 범죄예방뿐만 아니라, 범인 당사자도 다시는 죄를 짓지 못하도록 하는 데 있다. 즉 어떤 범죄에 대해서도 범인에 대한 재사회화의 관점 없이 오직 응보적 관점이나 일반예방적 관점에서만 형벌을 내려서는 안 된다. 왜냐하면 형벌의 목적에서 요구하는 책임형벌, 일반예방형벌 및 재사회화를 위한 형벌이라는 3요소는 범죄는 오직 개인의 책임만이 아니며, 정상적인 개인도 위급 시에는 동물적인 속성을 극복하기 힘들며, 모든 인간은 생리적으로나 정신적으로 언제나 성숙하여 있는 것은 아니라는 점에 기초하고 있기에, 형벌에 있어서 재사회화의 관점은 불가결한 원리이다. 그러나 사형은 형벌의 목적에서 볼 때도 특별예방적 관점이 철저히 배제된 형벌이므로, 극복되어야 할 형벌이다.

여섯째 사형은 사형당한 당사자에게는 오판을 시정할 기회가 없게 된다. 그 예로 6·25 당시에 있었던 '한강교 폭파 사건'[17]에 관한 오판은 무고한 자의 희생을 강요하였다. 사형이 집행된 후에 사법부의 오판이 밝혀졌지만, 그 오판으로 희생된 최창식 대령은 그 무엇으로도 보상받지 못했다.

오판을 넘어 사법살인까지 감행한 충격적인 작태를 벌였던 우리 사법부의 반인권적 행태도 있었다. 이른바 '인혁당 재건위 사건'이 그러했다. 모진 고문을 통해 사실관계를 조작한 경찰과 검찰 그리고 고문에 의한 조작임을 알 수 있었음에도 절대권력자에게 충성하고자 사실관계를 고의로 왜곡하고, 관련 법률도 고의로 왜곡하여 적용하면서 관련 법관들은 사형을 선고했다. 대법원에서 사형이 확정되자 18시간 만에 이들에

17) 1950년 6월 25일 남침을 개시한 북한은 문산과 파주 쪽에서 밀고 내려왔고 수색 쪽으로 다가서면서 그중 일부가 김포를 향하여 한강을 넘어올 채비를 갖추었다. 당시 육군참모장 채병덕(蔡秉德) 소장은 북한군의 전차가 시내로 들어왔다는 보고를 받고, 공병감 최창식(崔昌植) 대령에게 한강교를 폭파하도록 명령하였다. 27일 오후부터 폭파 준비를 마치고 기다리고 있던 육군공병학교의 작업조는 공병감의 명령이 떨어지자 3개의 철교와 1개의 인도교를 폭파하였다.

대한 사형을 집행하였다. 살인의 주범은 법관들, 특히 대법관들이었으며, 하급심 판사도 예외가 아니었다. 그 밖에도 조봉암에 대한 사법살인 사건도 사형의 존치 제도로 빚어진 비극이었다.

또한 사형제도의 존치는 전두환의 권위적 정부가 민주적 인사를 탄압하는 도구로 이용하였다. 예컨대 김대중 씨를 죽이려고 했던 역사적 사실을 우린 결코 잊어서는 안 될 일이다.

30

사형의 대안으로서 절대적 종신형

1999년 10월

종신형은 수형자가 자연사할 때까지 자유가 박탈되는 형벌이지만, 이런 종류의 형벌은 가석방의 가능성이 없는 절대적 종신형과 가석방이 가능한 상대적 종신형으로 구분할 수 있다. 절대적 종신형의 경우 사형제도 존치국가가 사형제도 폐지국가로 전환할 때 주로 많이 이용되는 형벌이다. 예를 들어 나치스의 불법국가를 경험한 독일이 1949년의 기본법을 제정하면서 본질적 기본권 침해 불가 조항의 채택과 함께 사형제도를 폐지할 때에도 상대적 종신형을 두지 않고 절대적 종신형만을 규정하였으며, 1931년에 사형제도를 폐지한 미국의 미시간주도 사형의 대체형으로서 가석방이 없는 종신형만을 두었다.

사형제도가 폐지된 국가에서는 시간이 지나면서 종래의 절대적 종신형에서 상대적 종신형으로 변경하는 추세를 보인다. 그 사례의 하나를 독일에서 볼 수 있다. 절대적 종신형이 1949년에 형법에 규정된 지 약 29년이 지난 후에서야 독일 헌법재판소의 위헌결정으로 1981년 독일의 제19차 형법개정을 통해 종래의 절대적 종신형 대신에 가석방이 가능한 상대적 종신형으로 대체되었다. 종래의 종신형에 대한 1978년의 독일 헌법재판소는 종신형을 합헌이라고 보면서, 그러나 "종신형도 그 집행 시에 인간의 존엄성을 파괴할 경우에는 위헌이며, 따라서 종신형으로 선고받은 자도 근본적으로 다시금 자유를 회복할 가능성을 가져야 하며, 특별사면의 가능성 하나만으로는 불충분하고, 오히려 종신형의 집행을 중지하는 전제조건을 세우고 그 절차를 법으로 규정하는 것은 법치국가원칙의 임무"라고 선언하였다. 이에 따라 제19차 개정형법은 이러한 헌법재판소의 판결을 받아들여 일정한 제한적 조건에서 종신형의 잔여기간을 면제해 주는 가석방 규정을 두었다. 즉 상대적 종신형 제도를 두게 되었다.

한국에서는 현재 절대적 종신형에 관한 규정은 없다. 현행법상 무기형은 단순히 상대적 종신형에 불과하다. 이제 사형제도폐지를 실현하고자 하는 마당에서 처음부터 상대적 종신형으로 갈 수 있으면 절대적 종신형의 위헌성을 사전에 차단할 수 있을 것이다. 그러나 현재 무기형 제도는 사형을 대체할 만한 필요·충분한 형벌이 된다고 국민 대부분을 납득할 수 있는 형벌이 되기에는 역부족이다. 필자 본인은 물론 사형의 대체형으로서 곧바로 상대적 종신형으로 가야 한다고 보지만, 그렇다고 하더라도 현재의 무기형 체제는 헌법이념에 걸맞게 수정될 필요가 있다. 또한 사형폐지를 하기 위한 전략으로서 그 중간 단계인 사형의 대체형으로서 절대적 종신형의 도입은 우리 현실에서 불가피하다고 생각된다.

절대적 종신형을 도입할 경우 당장 문제 될 수 있는 것 중의 하나는 어떠한 범죄에 대해서 그리고 어떠한 범죄적 행위에 대해서 그런 종신형을 부과할 것인가라는 점이다. 그러나 그것은 큰 문제가 될 수 없다. 왜냐하면 종래 사형을 법정형으로 하는 모든 구성요건과 범죄행위에 대해서는 사형 대신에 절대적 종신형으로 대체하기만 하면 족하기 때문이다. 오히려 절대적 종신형을 도입할 경우 가장 문제 될 수 있는 부분은 헌법에서 인정하는 인간의 존엄성과의 상충 문제일 것이다. 왜냐하면 한국 헌법 제37조 제2항에서는 "모든 국민의 자유와 권리는 … 자유와 권리의 본질적인 내용을 침해할 수 없다"라고 천명하고 있고, 또한 행형법 제1조는 "이 법은 수형자를 격리하여 교정·교화하며… 사회에 복귀하게 하며"라고 명시하고 있기 때문이다. 이는 우리 헌법과 행형법이 어떠한 자유형도 기본적으로는 가석방이 가능한 자유형을 전제하고 있다는 것을 의미하기 때문에, 가석방 없는 절대적 종신형제도를 인정하는 것은 수형자의 본질적 권리를 침해할 가능성과 함께 사회복귀를 전제로 하는 자유형의 사상과 원칙적으로 모순된다고 생각된다. 현행 형법에서 인정되고 있는 무기형도 장기간의 집행을 통해서 비록 필연적인 것은 아니지만, 개별적으로 정신적 장애가 발생하여 인격의 퇴화, 유년단계로의 퇴보, 사회생활적응능력의 상실 등이 일어날 수 있다. 특히 약 20년 이상의 구금생활은 수형자를 정신적으로 뿐만 아니라 육체적으로도 쓸모없는 인간으로 만들 가능성이 크다.

헌법상 기본권보장은 절대적 종신 수형자에게도 예외일 수 없다. 그런 종신 수형자라고 할지라도 헌법 제10조에 의해 보장된 인간으로서의 존엄과 가치를 가지며, 행복을 추구할 권리를 갖는다. 비록 수형자는 법률에 의해 신체상의 자유를 박탈당한 자이지만 그것을 이유로 그의 전인격이 박탈될 이유가 없다. 종래에 수형자는 특별권력관계에 있기에 법률에 의한 기본권제한의 원칙이 존중될 수 없다고 하였다. 그러나 오늘날 특별권력관계가 기본권의 사각지대가 아닌 점에 대해서는 의견이 일치하고 있다. 따라서 수형자도 단지 법률에 의해서만 그의 기본권이 제한될 수 있으며, 수형자의 교도소 구금이, 그에 따른 법률관계의 성질에 의해서 그의 기본권이 제한

될 수 있겠으나 그것도 기본권제한 입법의 한계를 이탈하지 않는 범위에서 적법하다고 해야 할 것이다. 그렇다면 절대적 종신 수형자에 대하여서도 그의 헌법상 기본적 인권인 인간의 존엄과 가치를 누릴 권리를 침해할 수 없다. 여기서 인간의 존엄과 가치는 우리의 실생활에서 실현시키기 위한 인간의 자기결정권과 자유롭게 살고 싶은 기본적 믿음에서 우러나온 인격의 내용을 이루는 윤리적인 가치라고 볼 수 있기에 이러한 인격적 윤리가치를 정면으로 침해하는 기본권의 제한은 용납될 수 없을 것이다. 다시 말해 절대적 종신형에 의한 장기간의 구금생활로 그 수형자의 인간성에 대한 명백한 파괴가 일어난다면, 그와 같은 절대적 종신형은 인격의 윤리성을 파괴할 수 있기에 헌법 제10조에서 보장하고 있는 인간의 존엄을 침해하게 된다고 할 것이다.

그러나 절대적 종신형을 두더라도, 사회방위를 위해서 재범의 개연성이 높거나 그의 반인륜적 행위에 대한 책임성이 형의 집행을 계속적으로 요구하는 범죄의 경우 무조건 일정 시점에서 가석방할 수 있게 하는 것이 정당한 것인가는 의문시된다. 그러한 점에서 우리 헌법 제37조 제2항이 기본권의 본질적인 내용을 침해할 수 없다고 천명하고 있을 때, 국가안전보장, 질서유지 또는 공공복리를 위한 목적으로 법률로써 절대적 종신형이라는 형벌을 통해 인간의 본질적 기본권을 제한할 수 있는가 하는 점은 형사정책적인 측면과 인권보장의 한계라는 측면 사이의 적절한 비례관계에 의해 해결될 문제이다. 따라서 수형자의 반사회적 인격성과 그의 반인륜적 책임에 대한 형벌의 종신적 집행은 그 정당성을 가질 수 있다고 할 것이다. 더구나 한국에서 절대적 종신형을 두더라도, 이와는 별도로 종래의 무기형을 존치하고 있는 한, 절대적 종신형의 폐단은 상당 부분 감소할 수 있을 것이다. 왜냐하면 법원은 피고인의 범죄행위와 책임을 고려하여 양형단계에서 사회적으로 영구히 격리가 필요한 절대적 종신형과 가석방이 가능한 상대적 종신형인 무기형 가운데에서 폭넓은 선택을 할 수 있기 때문이다. 게다가 한국은 특별사면이 매우 빈번하게 이루어지고 있어서, 아무리 절대적 종신형을 선고하더라도 절대적 종신수형자에 대해서도 사회가 수용할 만한 개전의 정이 있는 한 특별사면을 통해서 형이 면제될 가능성이 크기에, 절대적 종신형에 대한 위헌성의 문제는 상당 부분 상쇄될 수 있다. 그리고 만일 사형의 대체형으로 절대적 종신형이 채택된다면, 그때 가서 당연히 헌법상의 위헌성의 문제가 일어날 수 있을 것이고, 그것이 헌법불합치로 평가된다면 다시금 가석방이 가능한 상대적 종신형만을 인정하는 방향으로 지향할 가능성을 가지게 될 것이다. 그러나 사형제도가 아직도 폐지되지 않은 마당에, 지금 당장 그런 문제에 대해서까지 우리가 고민의 폭을 확대하기에는 다소 지나치다고 판단된다.

우리는 사형제도가 가지는 반인권성과 반가치성 때문에

사형제도를 무조건 회피해야 할 불가피한 제도라고 아무리 강조해도 지나치다고 할 수 없을 것이다. 그런 회피의 방법으로 위에서 언급한 바 있는 절대적 종신형을 고려할 필요성이 있음은 이미 설명한 바 있다. 즉 인간존엄의 본질적 권리를 인정하고 있는 헌법 제37조 제2항과 헌법 제10조에 명시된 헌법정신에 따라 우리가 사형제도를 폐지해야 하는 것은 논리적이고 너무나도 자명한 헌법적 당위명제이다. 그러나 국민의 정서가 아직도 사형제도의 존치에 대해 과반수가 찬성하는 마당에 국회에서 사형제도의 폐지를 위한 특별법이 통과되기는 쉽지 않을 전망이다. 그러므로 우리가 하루빨리 사형제도를 폐지하기 위해서는 사형의 대안으로서 현재의 무기형이 지니는 많은 문제점을 분명히 인식할 수 있었음을 상기하여 본다면, 가석방이 불가능한 절대적 무기형이나 절대적 종신형의 도입이 불가피하다는 생각이 든다.

필자는 이미 오래전에 사형제도의 폐지뿐만 아니라, 한국의 무기형에 대해서도 일정 부분 위헌론을 제기한 바 있다. 그리고 그런 사고는 아직도 여전하다. 왜냐하면 현재의 무기형 수형자는 고작 행정처분에 의해 가석방이 가능하다는 점에서, 인신의 구속과 석방의 문제는 적어도 법원이나 법관의 소관이 되어야 한다는 헌법정신에 반하고, 실무에서 무기수의 가석방도 필요적 가석방이 아니라, 국가의 시혜적 가석방으로 인식하고 있기 때문이다. 바로 이런 주장을 피력한 필자가 이번에는 오히려 무기형보다 더 가중된 형벌인 절대적 종신형을 사형의 대체형으로 주장하는데 모순이 있어 보일지도 모른다. 사형제도를 폐지해야 한다고 목청을 높인 자가 사형의 대안으로서 오히려 종래의 무기형보다도 더 가혹한 절대적 종신형을 주장한다는 것은 어찌 보면 이율배반적인 것처럼 보일 수 있기 때문이다.

그러나 비록 그렇게 보인다 해도 종래의 무기형 고집으로 또는 종래의 무기형을 헌법적 정신에 합치되게 수정하여 존치하는 것을 고집하여, 그 결과 사형제도를 폐지시킬 수 없다면, 그것 또한 책상에서만 인간의 존엄을 외치는 무익한 행위일 뿐만 아니라, 사형의 존치를 더욱 부추기는 골이 되어 도리어 인간의 존엄을 해치는 심각한 결과를 야기할 수 있을 것이다.

누가 무어라 해도 사형보다는 절대적 종신형이 근본적으로 더 인간적인 형벌이다. 왜냐하면 사형과 절대적 종신형은 삶과 죽음의 차이이기 때문이다. 사형집행이나 사형수교화에 관계했던 사람들의 이야기를 들어보자.

"… 무기와 사형은 하늘과 땅의 차이, 삶과 죽음의 차이입니다. 오죽하면 사형수들은 거꾸로 매달려서라도 평생을 살아가라면 살겠다고 하겠습니까? 사형폐지를 마치 흉악범을 놓아주자는 운동쯤으로 이해하는 사람이 많은 걸 보고 깜짝깜짝 놀라는데요. 사형폐지는 사형받을 사람을 무기형이나 종신형에 처하자는 것 아닙니까? 무기나 종신형이 어디 가벼운 벌입니까?"

31

자유형의 목적과 현실

형사정책, 1990년

자유형은 범인을 교도소에 구금하여 사회로부터 격리함으로써 범인에게 고통과 충격을 줄 뿐만 아니라, 그를 개선·교육하여 사회복귀에 기여하고 일반인에게 준법정신을 일깨워 범죄예방에 기여함을 목적으로 한다. 이러한 사상에는 기본적으로 자유형이 재사회화를 위하여 충분히 오랫동안 올바르게 집행되면 수형자는 개선되어 재사회화된다는 견해를 그 기초로 삼고 있다. 수형자를 구금함으로써 사회는 범죄의 불안으로부터 해방되고, 범인 자신은 개선과 교화의 길로 접어들게 된다는 이와 같은 소박한 생각은, 그러나 오랫동안 자유형을 집행하여 본 결과 여지없이 깨지고 말았다.

본래 자유형의 본질은 범인이 범한 유책한 범행 때문에 공권력이 그에게 가한 신체적 자유 박탈을 통한 법적 반가치 판단이다. 이러한 자유형은 인간이 참기 어려운 고통을 수반한다. 즉 자유형은 신체적 자유 박탈이라는 인간이 참기 어려운 고통을 수단으로 하여 사회생활상 본질적으로 중요한 법익을 보호하고 법질서를 확립하게 한다. 따라서 고통이 수반되는 자유형이 잠재적 범죄를 예방하고, 범인을 사회로부터 격리하는 역할을 하는 것은 자유형의 본질로부터 도출되나, 자유형의 그와 같은 고통이 범인을 개선·교화할 수 있다는 가정은 자유형의 본질과는 직접적인 연관이 있어 보이질 않는다. 왜냐하면 자유형이 자유를 박탈함으로써 범죄 없는 자유로운 삶을 영위하게 관습화한다는 것은 논리적으로 모순이기 때문이다. 또한 자유형의 집행을 통해서 사회로부터 범인을 격리하여 사회의 불안을 제거한다는 사상도 언제나 사리에 합당한 이론만은 아니다. 특정한 상습살인범을 무기형으로 처벌함으로써 그자에 대한 사회적 불안이 제거되는 것은 틀림없는 사실이지만 형벌의 종류에는 무기형만 있는 것도 아니고, 자유형을 받는 수형자의 대부분은 수개월에서 수년의 실형을 받고 사회로 되돌아올 수밖에 없다. 이 경우 수형자가 개선되었다기보다는 오히려 사회에 악감정을 갖고 있다면 사회는 더욱 불안정해질 수밖에 없고, 또한 특정한 범인이 자유형을 통해서 격리된다 해도 언제나 범인은 새롭게 양산된다는 점을 부인할 수 없다.

종래의 응보사상에 따르면 형벌은 사리를 변별할 능력이 있는 자가 과거에 하지 말았어야 할 행위를 범하였기에 그만큼의 벌을 받아야 한다는 사고방식에 터 잡고 있다. 따라서 자유형이란 형벌도 그것이 법익의 보호나 범죄의 예방 및 범인의 재사회화란 목적을 충분히 고려한 것이라기보다는 오히려 비난받을 짓을 한 자에 대하여 자유형을 통해서 1차적으로 그만큼의 고통을 그에게 가해야 한다는 사상에 기초하고 있었다. 이러한 응보사상 아래에서는 자유형을 통해서 수형자를 어떻게 교육하여 재사회화를 실현할 것인가에 대한 고려보다는 범한 범죄에 대하여 행위자의 책임을 어떻게 상쇄시킬 것인가에 주로 관심을 가지게 된 것은 당연한 결론이다.

이러한 응보사상과 아울러 예방사상의 통합을 시도한 입장에 따르면 형벌의 목적은 과거의 범죄행위를 비난함으로써 장래의 범죄예방에 기여해야 한다고 주장한다. 그리고 오늘날에 와서 응보적 관점을 완전하게 배제하고 책임은 형벌의 성립과 한계적 기능을 제시해 줄 뿐이고 오직 일반예방과 특별예방적 관점에서 형벌을 이해해야 한다는 견해도 있다. 순수한 응보적 관점에서는 말할 것도 없고 그 밖의 사상들에서도 기본적으로 형벌에서 가장 중요한 자유형이 올바른 집행을 하기만 하면, 사회는 법 평화를 달성할 수 있고 수형자의 개선

내지 사회복귀가 이루어질 수 있다는 점을 전제로 하고 있다.

그러나 현실은 그와 반대일 수 있다. 자유형의 재사회화 이념은 더 이상 기능하지 않고 이미 죽은 것으로 보는 실증적 조사가 속출하고 있다. 개선·교화의 목적으로 교도소에 구금하여 다소의 사회적 치료요법을 통하여 재사회화하려는 노력이 거의 수포가 되었고, 형사정책이 발전된 선진국들조차도 범죄는 날로 누범화·흉포화되고 있다. 그 결과 오늘날 자유형을 받은 자가 받지 않은 자보다 본질적으로 많은 재범을 기록하고 있다는 점을 명심할 필요가 있다.

이미 1975년도에 열린 제5차 범죄방지 및 범죄자 처우에 관한 UN회의(이하에서는 'UN범죄방지대책회의'라고 칭함)에서 이러한 자유형의 폐해를 인정하고 다음과 같은 원칙을 천명하였다. 자유형은 결코 피선고인의 복지에 기여한다는 이유만으로 선고되어서는 안 되며, 범행의 중대성과 일반예방의 이유로 가장 중한 제재를 포기할 수 없는 그런 경우에만 자유형을 집행해야 한다.

이러한 경향은 계속되어 1980년의 제6차 UN범죄방지대책회의 뿐만 아니라, 1985년의 제7차 UN범죄방지대책회의에서도 자유형의 순기능보다 역기능이 중대한 문제가 되었고, 자유형의 폐해와 그 대책이 심각하게 논의되었다. 특히 제7차UN범죄방지대책회의에서 많은 대표는 구금이 제재의 최후 수단이어야 하고, 범죄자의 사회재정착과 재사회화를 위한 구금 대체수단을 찾기 위해 온갖 노력을 기울여야 함을 인정하였다.

그 결과 교육의 효과가 일반 성인보다 훨씬 크리라고 예상한 청소년에 대해서도 최신 교육이론에 기초해서 훈련된 소년원 출신의 재범률이 도리어 높다는 점에 인식을 공유하고, 이 때문에 소년범도 UN범죄방지대책회의에서는 불가결한 경우에만 소년원에 구금해야 한다고 1985년의 회의에서 결의한 바 있다.

자유형을 응보적 관점보다 교육에 중점을 둘 때는 확실히 수형자에 대한 자유형의 폐해가 응보적 관점에 둘 때보다 개선될 수 있다. 무엇보다 자유형의 부과가 수형자의 교육효과에 얼마나 기여하느냐를 고려하기 때문에 자유형이란 형벌을 부과하는 데 훨씬 신중해질 것이다. 또한 자유형 자체가 인간이 참기 어려운 고통임을 전제할 때, 그런 고통을 오직 과거의 잘못 자체에 대한 대가로서 부과하기보다는 과거의 잘못을 토대로 하여 수형자의 앞으로의 재사회화를 위한 교육을 위해 부과할 때, 수형자는 자유형이 가져다주는 고통을 훨씬 잘 극복할 수 있을 것이다. 왜냐하면 형벌은 응보적 관점이 아니라 교육형에 있음을 그 목적에서부터 천명하고 있기 때문이다.[18)]

그러나 교육형에 중점을 둔 자유형이 다소나마 개선된 효과를 기대하기 위해서는 그런 효과를 기대할 수 있는 시설과

18) 제1조(목적) 이 법은 수형자의 교정교화와 건전한 사회복귀를 도모하고, 수용자의 처우와 권리 및 교정시설의 운영에 관하여 필요한 사항을 규정함을 목적으로 한다.

교육환경이 필요하고 그러기 위해서는 막대한 투자가 요망된다. 문제는 그러한 투자를 해서 예측한 정도의 실익이 있느냐와 국가투자 순위상 교도소에 대한 투자가 시급한 문제이냐에 있을 것이다. 후자의 문제를 제외하고서도 예방 사상에 선도적인 역할을 한 국가들에서 교도소 시설을 현대화하고 교육형 이론에 기초하여 집행하였어도 자유형의 교육효과는 거의 없는 것으로 밝혀졌다. 하물며 교도소 시설은 낙후하고 교육 개선을 위한 Program도 전무한 상태이며 극도로 열악한 수형생활을 강요당하는 오늘날 우리의 현실에 있어서(1983년 12월 현재 전국교도소의 1일 평균 수용 인원은 52,770명으로 평당 수용 기준보다 많은 2.3명을 수용하고 있다.[19] 이에 반하여 일본은 1.3명, 미국은 0.4명), 제아무리 교육형의 중요성을 중요시한다 해도 실질적으로 수형자에게 고통만을 가하는 응보형을 허울 좋은 교육형, 예방형으로 포장한 것에 불과하다. 그러므로 우리나라에서 수형자의 교육이나 재사회화 목적으로 자유형을 강요하는 것은 자유형의 목적에 절실히 부합하고 있다고 볼 수 없을 것이다.

자유형의 집행 현실이 수형인을 개선 교화하는 작용을 하

19) 2023년 1일 평균 수용 인원은 56,577명이었다. 전체 수용 인원은 2006년 이후 약 4만 6천여 명 정도를 유지하다가 2009년 약 4만 9천여 명으로 급격히 증가하였고, 2010년(47,471명) 이후 점차 감소하다가 2012년(45,488명)을 기점으로 증가추세를 보인 후 2018년(54,744명) 이후 다시 감소하였다. https://www.index.go.kr/unity/potal/main/EachDtlPageDetail.do?idx_cd=1739 및 법무부 교정본부, 2023 교정 통계연보, 2023 참고.

기보다는 수형자에 대한 사회적 낙인만을 찍고 사회에 대한 수형인의 적개심을 불러일으키며, 범죄양성의 구실을 한다는 점을 깊이 인식한다면, 궁극적으로 달리 사회방위를 할 수 없는 부득이한 경우가 아니면 자유형은 삼가야 할 것이다. 이 점은 재사회화 교육을 1차적 목적으로 하는 형 집행상의 교육시설이 충분하지 못한 우리나라에서는 더욱 그렇다고 생각된다. 그럼에도 1986년 이래로 우리나라의 제1심 공판에서 매년 8만 2천 명 이상이 유기자유형을 선고받으며, 집행유예가 선고된 약 60% 정도를 제외하면 매년 2만 5천 명 이상이 실형을 선고받았다. 그리고 특히 1년 미만의 유기자유형의 실형을 선고받은 자는 매년 20% 내외로 적지 않은 수치이며, 이는 전체 자유형의 실형을 선고받은 자 중 55% 이상이나 된다.[20] 이와 같은 중형주의의 사정은, 자유형이 가져오는 폐해를 감안할 때 죄질이 나쁜 강력범죄나 상습범에 대하여 불가피하게 중·장

20) 제1심 형사공판사건 자유형 누년비교

연도	자유형 합계 (비율(%))	1년 이상 3년 미만 (비율(%))	1년 미만 (비율(%))	집행유예 (비율(%))
2018	139,905 (100)	27,493 (19.7)	23,630 (16.9)	80,070 (57.2)
2019	144,696 (100)	30,671 (21.2)	23,263 (16.1)	81,565 (56.4)
2020	148,932 (100)	34,414 (23.1)	19,606 (13.2)	84,046 (56.4)
2021	144,057 (100)	34,512 (24.0)	18,313 (12.7)	79,478 (55.2)
2022	140,115 (100)	34,206 (24.5)	19,349 (13.8)	74,777 (53.4)

– 법원행정처, 사법연감 2023, 848쪽에서 일부 발췌.

기자유형이 요구되는 경우와 단기자유형에 의해서도 예방의 효과가 큰 교통범죄나 경제범죄인 경우를 제외하고, 원칙적으로 자유형 대신에 벌금형이나 그 밖의 수단에 의하여 구금형은 대체되어야 한다는 요구에 반한다.

32

자유형의 기본원리

형사정책연구, 1990년

자유형은 그것이 갖는 내재적인 불가피한 이유로 수형자 개인의 자유를 박탈하고 그로 인한 돌이킬 수 없는 정도의 명예훼손과 직업상실 등의 경제적 곤란을 가져와 수형자 자신뿐만 아니라, 그의 가족에게도 지대한 영향을 미친다. 더욱이 오늘날 실행되고 있는 자유형의 현실은 그 목적에 어울리기는커녕 수형자의 최소한도 인간다운 생활을 위협하고 있을 뿐만 아니라 자유형으로 인한 역기능이 적지 않다는 것은 주지의 사실이 되어버렸다. 그러므로 자유형 집행은 다음과 같은 인간 존중적 형사정책의 기본원리에 따른 제한을 받아야 할 것이다.

첫째로 자유형은 당해 수형자의 삶의 터전을 초토화시키는 강력한 효과를 가진 형벌이므로 인간 생활에 본질적으로 중요한 법익을 심하게 침해한 경우를 제외하고는 행사되어서는 안 되며, 가능한 이보다 더 경미한 다른 제재 수단이 사용되어야 할 것이다. 형벌의 목적이 인간의 자유롭고 평화스러운 삶을 확장·유지의 회복에 있는 것이라면, 인간이 인간답게 살기 위하여 인간의 자유를 극도로 파괴하는 자유형이 필요하다고 해서 무제한으로 사용한다는 것은 형벌의 목적으로서 자유형의 취지에 모순된다고 할 것이다. 따라서 사회생활상 다소의 혐오감을 주는 행위라고 해서 언제나 자유형이란 형벌로 대응할 것이 아니라, 민사상이나 행정법상의 제재 수단에 의해서도 효과적인 조치를 취할 수 있는 한, 형벌이란 제재는 유보해야 할 것이다. 비록 형벌이란 제재가 불가피한 경우라 할지라도 자유형이란 형벌을 사용할 때는 그 역기능이 적지 않으므로 범죄의 중요성과 사회방위를 위해 특히 필요한 경우가 아니면 자유형 이외의 다른 대체수단을 이용해야 할 것이다. 또한 실질적으로 자유형과 다름없는 신체의 자유를 박탈하는 구속도 불가피한 경우가 아니면 금지되어야 할 것이다.

둘째로 인간의 자유로운 삶을 확보하기 위해서 자유형은 책임주의에 의한 제한을 받아야 한다. 단순한 결과책임이나 책임질 수 없는 사항에 대하여 책임을 귀속하는 것은 인간의 사회적 활동의 자유를 위축시킨다. 따라서 제아무리 사회적으로 유해한 해악을 끼치는 행위라 하더라도 그런 행위를 실행하기 이전에 법으로 금지하여 일반인이 그런 금지를 알고 그에 따라 행위를 할 사정이 주어지지 않으면 그런 행위를 한 자에 대하여 비난할 수 없음은 물론이다. 따라서 책임원칙은 형벌의 전제조건이 된다. 그러므로 책임은 자유형의 성립 근거로서 범인의 범행을 이유로 그자를 개인적으로 비난할 수 있음을 전제로 한다. 더 나아가 책임은 자유형의 한계로서 기능하여 책임의 범위를 이탈하는 자유형을 금한다. 따라서 이러한 책임은 자유형을 산정하는 데 있어서 기초가 될 뿐만 아니라 그 한계가 된다. 형벌이 책임원칙에 입각하지 않고 일벌백계의 형식으로 국가의 지나친 일반예방 사상에 경도되어 책임 이상의 형벌을 내리거나, 사회에 경악을 불러일으킨 범죄나 범인에 대하여 재사회화의 필요성이 전혀 없다는 이유로 불가벌 결정을 하거나, 국민 일반이 지킬 수 없거나 예견할 수 없는 행위를 준수하지 않았다고 하여 처벌하게 되면, 이는 책임에 상응하지 않는 형벌이 되어, 국민 일반에 대한 자유의 확보는 어렵게 되고 형벌의 자의적인 적용으로 인한 준법정신의 해이가 수반됨은 명백하다. 범죄예방은 올바르고 적정한 형벌을 가할 때 실질적으로 유효하다는 점을 명심해야 한다.

셋째로 헌법상 보장하고 있는 인간의 존엄은 자유형 때문에 근본적으로 침해될 수 없다(헌법 제10조). 인간성을 근본적으로 파괴하는, 잔악하고 고통스러운 자유형은 배제되어야 할 뿐만 아니라 수형자에 대한 비인간적 대우도 해서는 안 될 것이다. 비록 자유형을 불가피하게 부과할 경우라도 인간존중주의 차원에서 볼 때 자유형으로 인하여 인간의 존엄이 본질적으로 침해되는 경우는 배척되어야 할 것이다(헌법 제37조 제2항). 그런 점에서 무기형이 아무런 여과 없이 사형을 대신하는 제재 수단으로 요구되거나, 무기형은 자유형의 일종으로서 언제나 당연시된다고 보는 견해도 위험스러운 발상이다. 무기형으로 인하여 헌법이 보장하고 있는 인간의 기본권이 본질적으로 침해된다면, 그러한 자유형은 재고(再考)되어야 마땅하다. 또한 자유형의 선고 및 집행단계에서 집행기관의 편리와 효율성을 범죄자의 인권보다 우선해서는 안 될 것이다.

자유형은 그 형을 받게 되는 수형자뿐만 아니라, 그 가족에게도 절대적 영향을 끼친다는 점을 고려해 볼 때 자유형의 중형주의적 사고방식은 재검토되어야 할 것이다. 따라서 비인도적 중형주의의 사고방식은 불식되어야 한다.

이러한 인간존중주의적 관점에서 수형자의 기본권보장, 인간다운 생활을 할 수 있는 교도소 시설의 현대화와 그 운영의 민주화가 더욱 절실히 요구되며, 수형자가 퇴소 후 사회복귀에 기여할 수 있는 능력을 길러주어야 할 것이다.

33

외국인 재소자의 처우

형사정책연구, 1992년 가을호

외국인 재소자란 사법집행시설이나 교도소에 구금된 외국인을 말한다. 구금은 신체적 자유의 박탈을 의미하며, 이는 인간이 참기 어려운 고통이기 때문에 범죄로 인한 교도소 등 구금시설에의 구금은 불가피한 경우가 아니면 회피되어야 할 제도이다. 만일 구금할 경우에도 그 구금이 불가피한 엄격한 사유를 전제해야 할 것이며, 구금된 경우 구금의 목적을 넘어서는 어떠한 불이익한 처우도 받아서는 안 될 것이다.

이는 외국인이라고 해서 내국인과 달리 취급해서 안 된다는 헌법 제11조 제1항 후단과 '세계인권선언' 제1조와 제2조에 근거한 원칙이기도 하다. 따라서 외국인이 교정시설에 구금된 사유는 내국인과 동일한 엄격한 요건 아래에 이루어져야 하며, 법적으로 명시된 불가피한 사유가 없으면 외국인도 구금할 수가 없는 것이다.

이에 따라 외국인을 구금하기 위해서는 형사소송법상 구속사유에 해당하여 구속하든지, 자유형이나 보안처분을 선고·집행하든지, 아니면 벌금이나 과료를 납부하지 않아 강제노역을 처분받아야 한다. 즉 외국인의 구금은 확정력을 가진 판결을 전제로 한 자유형의 집행을 위해서뿐 아니라, 미결구금처럼 현저한 범죄혐의가 있는 자의 도주나 소송의 회피를 방지하기 위해, 또는 죄적을 인멸하거나 증인에 대한 영향을 미침으로써 소송심리를 방해하거나 사실인정을 불가능하게 하는 것을 방지하기 위해, 또는 보안처분의 집행을 위해 불가피하게 필요한 경우가 아니면 아니 된다.

외국인에 대한 구금이 불가피하게 필요한 경우일지라도 구금 이외의 기본권 제한은, 미결수인 경우는 미결구금의 목적 또는 구금시설의 질서를 위해 필요한 정도만 허용될 뿐이고, 기결수인 경우는 형벌의 목적인 사회로부터의 격리와 범인의 재사회화를 위해 필요한 정도만 허용된다고 해야 할 것이다. 그것도 법적인 근거 아래서만 허용되어야 함은 물론이다. 그러나 현실에 있어서 구금된 자의 처우는 인간의 존엄과 가치를 누릴 수 있을 정도의 수준에 도달된 상태에 있는 것은 아니어서 구금은 참을 수 없는 고통일 뿐이다. 그러므로 이런 상태를 완화하기 위해서 UN은 피구금자에 대한 처우 최저 기준규칙을 제정하여 재소자를 그 수준에 맞게 처우하도록 권장하고 있다.

외국인들은 고향을 떠나 낯선 이국에서 사는 까닭에 의사소통이 순조롭지 못할 뿐만 아니라, 기후와 풍토 및 문화의 이질성은 남다른 육체적·정신적 고통을 낳게 한다. 더욱이 자유가 박탈되고 한국어를 구사하지 못하는 외국인 재소자는 그 고통이 더욱 심각하리라고 보이며, 한국어를 구사하지 못하기에 의사소통의 부족을 초래하고, 그로 인하여 더할 나위 없이 소외를 느낄 뿐만 아니라, 자기 자신을 위한 정보를 얻고 이해하는데 어려움을 당하게 되며, 또한 자기가 속한 국가의 규범의식을 기준으로 하게 됨으로써 자기가 특별한 불이익을 당한다고 생각하기 쉽다. 그러기에 외국인 재소자에 대한 처우는 내국인과 차별 없는 처우로서 족한 것이 아니라, 외국인 재소자도 내국인이 누리는 법적 처우를 실질적으로 동등하게 받을 수 있도록 의사소통의 해결과 같은 특별한 배려를 해야 함과 동시에 외국인 재소자에 대한 국제법상의 관례나 협약을 준수해야 할 무시하지 못할 특수성이 있다.

Chapter

4

법과 의사

34

의사와 법

인제대학교 백병원에서 초청강연

1997년 2월 28일

I. 의학이나 의술은 효율성이나 진리만을 문제 삼는가?

여러분! 해는 동쪽에서 뜨지요? 여러분 모두 눈을 감고 동쪽이 어느 방향인지 손으로 가리켜 보세요? 의견은 일치되어 있지 않고, 일부는 이쪽을, 그리고 일부는 저쪽을 동쪽이라고 하고 있습니다. 동쪽이라고 하는 쪽은 분명히 한 쪽뿐인데도 사람에 따라 다른 것을 볼 수 있습니다.

이제 나침반을 봅시다. 여러분들 중 다수는 저쪽을 동쪽이라고 했지만, 이쪽이 동쪽이군요. 즉 동쪽이 이쪽이라는 점은 진리입니다. 진리가 문제 된 영역에서는 이론이 제아무리 정교하고 간명하다 할지라도 그리고 다수의 사람이 진리라고 여길지라도, 그것이 진리가 아니면 배척되거나 수정되어야 합니다. 진리가 문제 된 곳에서는 진실만이 가장 큰 위력을 발휘합니다.1)

그렇다면 의학이나 의술은 진리의 문제인가요? 아니면 다른 차원의 문제, 즉 정의의 문제인가요? 진리의 문제와 정의의 문제를 구별하기 위해서 다음의 질문을 해 보겠습니다. 여러분 개를 학대할 수 있습니까? 학대해도 좋다는 사람 손들어 보세요? 불가피한 경우 자기의 부인을 때릴 수 있는 사람이 있으면, 손들어 보세요? 독일의 여론조사에 의하면 개를 학대하면 안 된다는 의견이 50% 이상이 되는 데 반하여, 필요하면 부인을 때릴 수 있다는 성년의 남자들 의견은 무려 70%에 육박했습니다. 즉 우리는 개에 대해 때리는 등 학대할 수 없지만, 헌법상으로 인간의 존엄성이 보장된 사람에 대해서는 때려도 된다는 잘못되고 왜곡된 의식에 물들어 있습니다.

이와 같이 인간의 행위가 정당한가의 문제를 다루는 것이 정의의 문제이자, 법의 문제입니다. 이에 반해서 해가 동쪽에서 뜨는가와 같은 사실 규명의 문제는 진리의 문제입니다. 그리고 진리의 문제는 옳고 그르냐의 문제가 될 뿐이고, 그것이

* 이 글은 1997년 2월 28일 부산 인제대학교 백병원에서 인턴들을 대상으로 강연한 것을 정리한 것이다.

1) 존 롤즈, 사회정의론(황경식 역), 27쪽.

정당하냐의 여부 문제는 아닙니다. 이에 반해 부인을 때려도 되느냐의 문제는 진리냐 아니냐의 문제가 아니라, 정당하냐의 문제입니다. 정의의 문제는 정당성의 문제가 그 핵심이기에, 부인을 때리는 것이 제아무리 가정생활에 효율적이고 필요하다고 해도 그것이 정당하지 못하면 결코 허용될 수 없습니다.

따라서 만일 의학이나 의술이 진리만의 문제라면, 오직 한 가지의 진실 탐구만을 하면 될 것입니다. 즉 그것이 인간의 건강을 효율적으로 증진할 수 있는 것이라면, 그것이 정당하든지 그렇지 않든지 간에 허용될 수 있다는 생각을 가질 수 있습니다. 그 결과 진리의 차원에서는 인구 억제를 위한다는 명목으로 낙태를 국가정책으로 추진하거나, 히틀러와 같은 유명 악인에 관한 복제를 인정하거나, 장애인을 없애려는 것도 허용하는 견해를 취할 수 있습니다.

이에 반해 의학이나 의술이 만일 정의의 문제에 해당한다면, 의학이나 의술은 정당성을 지녀야 합니다. 그런데 의술은 기본적으로 인간 건강의 증진을 핵심축으로 문제 삼고 있기에, 정당성이 깃든 의술이란 모든 인간에게 인간의 건강에 관한 기본적 인권을 보장하는 의술의 시행을 말할 것입니다. 즉 모든 인간은 전체사회의 복지라는 명분으로도 유린(蹂躪)할 수 없는 정의에 바탕을 둔 불가침적 인권을 누리기에, 의사는 결코 권력자나 부유한 자의 이익을 위해 가난한 자의 생명이나 건강을 희생하는 의료행위를 해서는 안 된다는 것입니다. 그러므로 정의에 바탕을 둔 의술은 타인이 갖게 될 보다 큰 선을 위하여 소수의 본질적 인권, 예를 들면 권력자나 부자의 생명 유지를 위하여 약자나 가난한 자 또는 정신병자의 생명이나 신체의 자유를 뺏는 것이 정당화됨을 거부합니다.

Ⅱ. 현명한 의사라면?

다음과 같은 사건에 대해 여러분들이라면 어떻게 행동하겠습니까? 나치스가 지배한 독일에서 정신병원에 근무한 의사들은 당시 절대적 권력자였던 히틀러로부터 정신병자를 모두 제거하라는 명령을 받았습니다. 이 지시를 수행하지 않으면, 친정부적 성향의 의사들이 그들의 지위를 인수하여 그 명령을 수행할 것은 분명했다는 점을 참작하십시오.

당시 의사들은 정신병자를 아주 제한된 범위에서 개별적으로 선별함으로써 히틀러로부터 명령받은 안락사 작전에 참여하였고, 이를 통해서 다수의 정신병자를 구하게 되었습니다. 그런 위법한 명령에 참여하기를 거부했다면, 정부에 협조적인 의사가 그들의 지위를 인수하여 모든 정신병자를 처형하는 길을 열어주게 되었기 때문에 의사들은 양심상의 고뇌를 하면서 전자의 길을 택했습니다. 이처럼 예외적이고, 거의 해결할 수 없는 의무충돌에 빠진 경우, 의사는 그 자신의 최선을 다한 양심에 따른 결정을 내리고 대다수 정신병자의 구조목적에서 비롯한 행위는 주어진 사정 아래에서 볼 때 보다 더 큰 재해를

피하기 위한 유일한 수단이라면, 우리는 그런 의사들에게 어떠한 비난도 가할 수 없을 것입니다.

다시 한번 여러분에게 묻겠습니다. 의술은 치료의 효과만을 문제 삼는 진리의 문제인가요, 아니면 정의나 정당성과 관계되는 법률적 문제를 포함하는가요? 이 문제를 더욱 명확히 하기 위해서 구체적 사례를 가지고 고민해 봅시다. 여러분들 중 한 분이 분만을 위한 진통이 개시된 태아를 의료과오로 사망케 하였다고 합시다. "그분은 과실치사죄로 형사처벌을 받을 가능성이 있습니까, 없습니까?" 이 문제의 핵심은 태아는 사람인가? 사람이라면, 태아는 언제부터 사람인지의 문제입니다. 태아가 사람이 될 수 없는 한, 그에 대한 과실치사죄는 없어 처벌할 수 없기 때문입니다.

생명의 시기문제(始期問題)는 사실을 전제로 하고 있지만, 그러나 생명의 보호대상으로서 인간의 시기문제는 단순한 사실의 문제로 끝나는 것이 아니라, 언제였으면 하느냐의 정당성의 문제가 결부된 것입니다. 즉 그것은 사실의 문제만인 것이 아니고, 법률상의 문제가 포함된 것입니다. 그러기에 형법상으로 사람을 살인하거나 과실로 치사하면 일정한 형벌에 처하게 되지만, 사람이 아닌 태아인 경우 과실행위에 의해서 그 태아를 치상이나 치사케 해도 형사처벌에서 자유로울 수 있게 됩니다. 그러므로 태아가 언제 인간으로서 대접받느냐는 대단히 중요한 문제입니다. 형법상으로는 태아가 분만되기 위해서 진통이 개시될 때, 이미 그 태아를 사람으로 봅니다. 따라서 의사가 태아에 대해 과실로 상해를 입혔다면, 산모에게 분만을 위한 진통이 개시된 태아인가, 아니면 진통개시 전인지 여부는 형벌을 받게 될 수 있는 기준점이 됩니다. 이런 점에서 의술은 한편으로 진리의 문제이지만, 다른 한편 정당성의 문제인 법에 관계합니다. 그리고 그 의술이 정당하지 못하면 처벌받을 수 있습니다. 따라서 현명한 의사라면, 의술을 시행할 때 의술의 효과뿐만 아니라, 그 정당성도 늘 함께 고려해야 합니다.

Ⅲ. 생명의 시기

이제 여러분들에게 또 하나의 질문을 하겠습니다. 왜 형법에서는 사람이 되는 시기를 완전하게 분만된 때를 기준으로 하지 않고, 분만을 위한 진통이 개시된 때를 기준으로 하는지요? 이때를 기준으로 해야 할 정당성이 있어야 하는데 그것이 무엇인지요?

거기에는 다음과 같은 이유가 있습니다.

첫째로 산모의 자유와 태아의 기본권을 조화하기 위해서입니다. 만일 태아를 그 생성 기간과 관계없이 잉태하기 시작하면서부터 무조건 인간으로 다룬다면, 산모는 다음과 같은 기본권이 극도로 제한됩니다. 즉 태아도 사람으로 간주해야 하기에 그 태아에 고의로 상해를 가할 때는 말할 것도 없고,

과실로 치상케 하거나 치사케 해도 그 산모는 처벌되게 됩니다. 우리 형법은 사람을 과실로 치상이나 치사케 한 자에 대해 처벌하기 때문에, 태아를 사람이라고 본다면, 산모가 시장에 장 보려고 가다가 미끄러져 유산을 해도 처벌받게 되며, 감기 등 질병으로 인해 약을 잘못 먹어 태아에게 신체적·정신적 장애를 유발케 해도 처벌될 수 있습니다. 그렇게 되면 산모는 활동의 자유뿐만 아니라, 신체나 생명의 자유도 태아를 위해서 무조건 희생되어야 한다는 결론인데, 그러한 결론은 산모에게는 견딜 수 없이 부당한 것이라는 점은 여러분 모두가 공감할 것입니다. 그러므로 산모에게도 태아에 대해서 어느 정도의 활동 자유를 포함한 기본권리를 줄 필요가 있습니다. 그렇지만 산모가 분만을 암시하는 진통이 개시될 때부터는 생각을 달리할 필요가 있습니다. 이때부터는 태아가 산모로부터 완전하게 노출될 때까지 불과 수 시간밖에 걸리지 않고, 더구나 진통이 개시될 때부터 산모는 사실상 사회적 활동이 불가능한 상태입니다. 이런 상태에서 태아의 권익보다 산모의 권익을 무조건 더 우선시한다는 것은 정당하다고 할 수 없습니다.

두 번째 이유로는 분만을 위한 진통이 개시될 때부터는 산모를 포함하여 의사, 조산원 등 모든 사람이 태아를 인간으로 다룰 필요가 있다는 점입니다. 분만이 개시된 태아를 아직도 사람으로 인정하지 않는다면, 의사나 조산원은 그 태아를 과실로 치상케 하거나 치사케 해도 형벌에서 자유로울 수 있게 되는데, 그것이 정당한 일입니까? 분만 중의 태아는 불과 수 시간이나 수 분 후 확실한 사람의 대접을 받게 될 것인데, 분만이 완료되어 모체로부터 완전하게 분리된 때에서야 비로소 인간에게 부여된 헌법상의 모든 권리를 부여한다면, 이는 지나친 것으로 보입니다. 특히 분만 중에는 태아의 치상이나 치사의 위험이 상대적으로 대단히 높은데 말입니다. 바로 이런 점들 때문에 형법상 사람의 시기는 분만을 위한 진통이 개시된 때부터입니다.

Ⅳ. 인간의 존엄성

또다시 여러분들에게 질문을 하겠습니다. 사람으로 탄생하기만 하면 누구나 인간으로서 존엄과 가치를 갖습니까? 무엇이 인간을 존엄한 것으로 만듭니까? 인간의 존엄은 무엇입니까?

우리 헌법에 따르면, 모든 인간은 인간으로서 존엄을 가집니다. 인간은 다른 모든 비인간적 존재와 구별되는, 자기 운명을 자기가 스스로 결정하고 수행하는 자율성을 향유할 수 있는 존재입니다. 인간의 이러한 자율성의 가능성은 모든 이성적일 수 있는 존재자의 생존목적 자체의 조건입니다. 생존목적으로 존재할 수밖에 없는 이성적 가능성의 존재는 절대가치를 가집니다. 인간의 의지 자율가능성은 인간의 고유한 특성이며, 자율적인 인간의 인간성이 바로 절대가치를 지닌 인간의 인격성입니다. 인간은 생래적으로 이러한 인격성을 유지·보호하는 자연권을 가집니다.

그렇다면 사회적으로 아무 쓸모 없는 분도 역시 인간 존엄의 대상이 되는가요? 우리 헌법 제10조는 "모든 인간은 인간으로서 존엄과 가치를 가진다"라고 천명하고 있고, 헌법 제12조에서 규정한 신체의 자유 보장은 인간의 생명권이 보장될 때야 비로소 의미가 있는 것입니다. 그 때문에 비록 헌법상에는 생명권에 대한 명문의 규정이 없을지라도 모든 국민은 헌법상 생명권을 가지며, 따라서 어떠한 생명도 보장될 가치가 있는 것입니다. 그러므로 상습 절도범이든지 상습 강간범이든지 간에 인간이면 모두 다 헌법상의 생명이나 신체의 자유권 보장을 받는다 할 것입니다. 이들에 대해서 비록 상습절도범은 손을 잘라버리고 상습적 강간범은 성기를 자르는 것이 사회의 건강이나 국민건강에 효과적이라 해도 그럴 수는 없는 것입니다.

그럼에도 일부 공리주의자나 나치 사상가로부터 사회적으로 쓸모없는 인간은 더 이상 인간으로 간주하지 않아도 된다는 의견이 대두된 적이 있었습니다. 이 사상의 기본적 흐름은 인간은 사회적 존재라는 점을 특히 중히 여깁니다. 인간에 대한 사회적 성격의 강조는 결국 성숙한 인간이라면 사회적 책무를 져야 하는데, 그런 책무를 감당하지 못하거나 감당할 가능성조차도 없고, 오히려 사회에 대해 백해무익한 자는 사회를 위해 제거되어야 한다는 사고방식이 그 사상적 기초입니다.

물론 사회적 공존 생활이 불가피한 인간은 자기 자신을 위한 개인성뿐만 아니라 사회를 위한 공존성이라는 두 가지 계기에 의해서 활동하고 평가받게 됩니다. 따라서 인간을 각 개인적 차원에서 그자의 의사 자유를 포함한 인격적 활동에 대한 인간으로서 존엄성이 강조된다고 해서 각 개인에게 국가나 사회적 책무를 강조하는 것이 모순이라고 볼 수는 없습니다. 그러나 어느 개인이 국가나 사회에 백해무익한 존재라고 해서 무조건 제거할 수 있다는 사고방식은 국가를 지극히 이성적으로 본 국가지상주의의 산물이 아닌지 의심이 갑니다. 따라서 그러한 사상은 결코 받아들일 수 없습니다. 왜냐하면 국가는 일차적으로 국민을 위해서 존재하는 것이지, 국가 자체를 위해서 국민이 존재하는 것이 아니기 때문입니다. 더욱이 국민을 위한 국가는 국민 개개인의 인격과 존엄을 보호하는데 그 기초를 두고 있기 때문입니다.

논의를 더 깊이 진행하기 위해서 다시금 다음과 같은 질문을 해 보겠습니다. 모든 인간은 인간으로서의 존엄과 가치를 갖는다고 했는데, 그러면 무엇이 인간의 인격적 존재의 기초일까요? 그것은 인간이 자율성의 주체로서 갖는 자기결정권과 인간주체의 실존기초로서 인간의 생명입니다. 그렇다면 태아의 생명을 박탈하는 낙태를 허용해도 좋은지요?[2)]

2) 헌법재판소는 2019년 4월 11일 임신한 여성의 자기낙태를 처벌하는 형법 제269조 제1항과 의사가 임신한 여성의 촉탁이나 승낙받아 낙태하게 한 경우를 처벌하는 같은 법 제270조 제1항 중 '의사'에 관한 부분이 각각 임신한 여성의 자기결정권을 침

이를 광범위하게 인정하면, 여성의 자유로운 발전권과 자기결정권은 존중되는 반면에, 생성 중인 생명체인 태아의 생명박탈이라는 반인간적인 결과를 야기합니다. 태아의 권리가 임산부의 자기결정권보다 우위에 있느냐가 외국에서 깊이 논의된 바 있지만, 우리 인간의 인격적 존재의 기초가 인간의 생명일 때, 태아는 인간생명의 기초임을 중시해야 합니다. 이런 점에서 산모의 자기결정권이 또 다른 자기결정권실현의 존재인 태아의 기본권을 본질적으로 침해할 수 없다고 해야 할 것입니다. 단지 모자보건법에 의해 예외적으로 허용되고 있는 범위에서 낙태는 가능하겠지만(예를 들면 본인 또는 배우자가 우생학적 유전학적 정신장애나 신체질환이 있는 경우, 전염성 질병이 있는 경우, 강간 또는 준강간에 의하여 임신한 경우, 법률상 혼인할 수 없는 혈족 또는 인척간에 임신한 경우, 임신의 지속이 보건학적 이유로 모체의 건강을 심히 해하고 있거나 해할 우려가 있는 경우는 의사는 본인과 배우자의 동의를 얻어 인공임신중절수술을 할 수 있다), 그러나 그것도 가능하면 제한적으로 낙태를 허용하는 것이 정당한 일입니다. 낙태를 돈벌이의 수단으로 무조건 시행하는 자는 의사가 아니라, 반인륜적 범죄자라는 점을 여러분들은 명심해야 합니다.

해한다는 이유로 헌법불합치결정을 내렸다(헌재결 2019. 4. 11., 2017헌바127). 2020년 12월 31일까지 입법자에게 개선 입법할 것을 요구하였으나 지금까지도 법률이 개정되지 않았다.

V. 환자의 자기결정권과 의사 치료의무와 설명의무

의료행위는 환자의 질병을 치유하여 건강을 유지 또는 증진함을 목적으로 환자의 신체나 생명에 대해 위험을 초래하는 행위를 전제하므로 모든 의료행위는 환자에 대하여 무조건 시행할 수 있는 것이 아니라 환자의 동의를 받는 것을 원칙으로 합니다.

그러나 환자의 생명훼멸에 관한 문제는 단순히 형법 제20조 사회적으로 정당한 행위(현대의술의 법칙에 따른 행위는 원칙적으로 사회적으로 용인된 행위로 처벌하지 않는다.)로 인정되어 허용될 수 있는 성질이 아니라, 기본적으로 환자의 동의를 불가피하게 받아야 할 대상입니다. 그래야만 우리 헌법 제10조에서 천명한 인간의 존엄과 가치 그리고 행복추구권의 본질적 핵심 주체인 인간은 타인을 침해하지 않는 한, 자신의 인격을 자기 스스로 방법과 의사(意思)를 형성할 수 있는 자기결정권이 충분히 보장될 수 있기 때문입니다. 그러한 자기결정권의 범위 내에서는 의사(醫師)의 치료의무나 생명유지의무는 당연히 유보된다고 해야 할 것입니다.

같은 맥락에서 연세의료원에서도 1993년 3월에 환자권리장전을 선포하고, 그 제6항에서 "모든 환자는 치료 검사 수술 입원 등의 의료행위에 대한 설명을 듣고 시행 여부를 선택할 권리가 있다"고 천명하였습니다. 즉 의료행위가 환자의 생명을 구하는 문제일지라도, 최고의 법률은 환자의 건강이나 생명유지에 두는 것이 아니라, 환자의 자기결정권에 두고 있다는 것입니다. 그 때문에 전문가의 입장에서 볼 때 비록 환자의 결정이 비합리적이라고 보일지라도, 그 환자의 의견은 존중되어야 한다는 것입니다.

그러나 환자가 아직 충분히 성숙하지 못해 변별력이 뒤져 승낙의 유효한 의미와 내용을 변별할 수 없었다면, 그 환자의 자기결정권은 유효하지 못하며, 그런 경우에는 의사에게 치료의무가 계속하여 존속해야 한다고 볼 수 있을 것입니다. 또한 유효한 승낙을 할 수 없는 환자의 법정대리인이 부당하게 대리권을 남용하여 그 환자에게 의사가 수혈하는 것을 거부 및 방해하여 그를 사망케 한 경우에는 대리권의 남용이 되었으므로, 대리인을 통한 환자의 자기결정권은 정당하게 행사된 것이라고 볼 수 없습니다. 그런 점에서 우리 대법원이 "생모가 사망의 위험이 예견되는 자기 딸에 대하여는 수혈이 최선의 치료방법이라는 의사의 권유를 자신의 종교적 신념이나 후유증 발생의 염려만을 이유로 완강하게 거부하고 방해한" 경우에도 역시 환자 측의 자기결정권을 인정하지 아니하였습니다.

그렇다면 그 경우 담당의사는 계속해서 그 환자에 대해 치료의무를 부담해야 하고, 또 그 때문에 강제적인 치료행위를 해야 하는가요? 그 점은 긍정해야 할 것입니다. 왜냐하면 미성년자의 법정대리인인 환자 모친의 명백한 대리권남용 때문에 환자의 생명이 꺼져가는 상황에서 의사는 수혈이라는 단순한 치료행위로 환자를 살릴 수 있었는데도 불구하고 방치하여 환자를 죽게 하였다면, 그것은 용납할 수 없는 범죄행위에 해당할 수 있습니다. 즉 담당의사는 환자의 건강을 보호해야 할 보증인적 의무를 부담하는 지위에 있으면서 요부조자를 치료하지 않고 방치하여 환자를 죽게 하거나 더 큰 중병을 야기하였다면 부작위에 의한 살인행위나 신체상해행위가 될 수도 있는 것입니다. 그러나 위의 수혈 사건의 경우 의사의 치료행위를 방해한 정도가 극복하기 힘들었다면, 의사의 치료행위 중지로 인한 사망의 결과에 대해 의사는 책임이 없다고 해야 할 것입니다.

환자의 자기결정권과 관련해서 규명해야 할 또 하나의 중요한 문제는 다름 아닌 의사의 설명의무입니다. 환자가 자기의 질병에 대한 객관적 사정을 알아야만 합리적인 자기결정권을 행사할 수 있기에, 의사(醫師)의 설명의무는 환자 자신의 건강을 위한 의사의 치료행위를 허용할 때, 특히 생명의 문제가 달린 환자에게 있어서는 특히 중요한 문제입니다. 그런데 의사(醫師)의 설명의무의 정도는 환자 측의 질병과 그 질병의 심각성 정도에 달린 문제이기에, 생사가 달린 질병이거나 예후를 보장할 수 없는 질병일수록 의사 자신의 독단적인 판단으로 치료행위 여부를 결정해서는 안 되고, 환자 자신의 자기결정권에 맡겨야 할 것입니다. 그런 점에서 환자 자신의 자율적인 판단을 내릴 수 있도록, 그리고 환자 자신의 입장에서 볼 때 합리적인 결정을 담보하기 위해서 의사의 설명의무는 더욱 중요성을 두게 됩니다. 그 때문에 단지 단기간의 생명연장만을 위한 치료행위나 수술행위를 할 때도 환자에 대해 의사는 성실한 설명의무가 요구되고, 그와 같은 설명을 듣고 객관적 사정을 파악할 수 있는 사정 아래서 결정된 환자의 자기결정권은 의사(醫師)의 치료의무나 생명유지의무에 앞선다고 말해도 좋을 것입니다.

이러한 점들을 통하여 볼 때 의사는 모든 환자의 치료 전에 환자가 자기결정권을 제대로 행사할 수 있도록 충분한 설명의무가 필요합니다. 그리고 죽어 가는 자에 대한 의사의 치료의무는 무조건적이고 절대적인 것이 아니며, 그런 환자에 대한 의사의 치료의무의 존속 여부는 일차적으로 환자 자신의 자기결정권에 기초해야 하겠지만, 환자가 임종의 길로 불가피하게 접어든 것이 너무도 명백하여, 그와 같은 자기결정권을 행사할 수 없으면, 그때부터 남아 있는 가족의 동의가 있는 경우 담당 의사는 그 환자가 인간다운 죽음을 맞이할 수 있도록 배려를 해야 할 의무로 전환된다고 해석해야 할 것입니다.

죽어 가는 환자에 대하여 의사의 생명유지 의무가 그와 같은 한계를 갖는다면, 같은 맥락에서 뇌의 전면적인 파괴로 인하여 더 이상 인간다움을 회복할 가능성이 없고 자발적인 호흡이나 혈액순환을 할 수 없어 임종에 직면해 있다고 확신하는 환자에 대해서도 환자의 추정적 의사나 환자 가족의 의사에 반하여 인위적인 생명 유지 조치를 행사할 필요는 없는 것이고, 환자 가족의 동의가 있는 경우 의사의 의무는 그 환자가 자연스러운 죽음을 맞이할 수 있도록 배려해야 할 의무로 전환된다고 하는 것이 순리적입니다. 그런 점에서 뇌기능의 전면적인 상실이 있는 환자가 인공호흡기 등에 의해서 생명이 유지되고 있다면, 뇌기능의 전면적인 상실이 있는 바로 그때 의사가 환자 가족의 동의가 있는 경우에 국한해서 그 환자에게 부착된 생명유지장치 등을 차단하는 것은 살인이 아니라 자연스러운 죽음을 돕는 것으로 이해할 수 있는 것입니다.

이렇게 이해할 때만이 인공호흡기의 부착에 의하여 호흡을 유지하고 있는 뇌사환자에 대하여 무단으로 그 장치를 제거하여 호흡을 더 이상 못하게 함으로써 고의로 심폐사에 이르게 한 자를 살인죄로부터 자유스럽게 하는 것을 막을 수 있는 것입니다. 이러한 해결방식은 이른바 존엄사의 문제에도 해결의 서광을 비춥니다. 예컨대 만일 뇌사를 무조건 인정한다면, 뇌의 기능이 전면적으로 파괴된 것으로 보이는 환자의 생명유지장치를 제3자가 무단으로 제거해도 살인죄에 해당할 수 없다고 해야 할 것입니다. 그러나 이는 결코 받아들일 수 없는 결론입니다. 이에 반해 그와 같은 환자에 대하여는 임종에 직면해 있다고 확실히 판단되고 환자의 추정적 의사나 그 가족의 동의 아래에서 의사는 더 이상 그 환자의 생명을 인위적으로 유지해야 할 의무가 중지되고 자연스러운 죽음을 맞이할 수 있도록 도와주는 것이 바람직할 것입니다. 그러한 요건 아래서 의사가 생명유지장치를 제거하는 것은, 생명 유지 의무의 면제에 따른 환자의 인간다운 죽음을 배려하는 행위에 불과하지만, 제3자가 자의로 그런 장비를 제거하는 것은 살인 행위라고 보는 것이 타당할 것입니다.

VI. 의사가 형벌과 손해배상을 면하려면

의사가 형벌이나 손해배상으로부터 자유로워지려면, 존경받는 의사가 되기만 하면 됩니다. 그렇게 도덕적으로 격조 높은 분이 될 수 없다면 최소한 고의나 과실로 타인의 생명이나 건강 등을 침해해서는 안 됩니다. 의사가 고의든 과실이든 의료사고를 야기하면 의사는 피해자에게 별 차이 없이 손해를 배상해야 합니다. 여기서 고의란 일부러 의료사고를 야기한 것을 말하는데, 여기에는 자신의 의료행위가 의료사고를 야기할 수 있다는 위험성을 인식하고 있었음에도, 그에 대한 적절한 대책을 세우지 않고 의료사고를 감수하면서 의료행위를 계속한 경우까지 포함합니다. 이런 때의 고의를 이른바 '미필적 고의'라고 합니다. 과실행위나 의료과오란 의사가 환자에 대하여 통상 요구되는 의술행위시의 주의의무를 제대로 준수하지 못하여 일어난 의료사고를 말합니다. 의료사고가 나더라도 의사가 현대의 의료기술에 따라 과실 없이 의료행위를 했더라면 민·형사상의 책임에서 자유롭게 됩니다.

형법상으론 수술행위도 일단 신체침해행위로 이해하고 있고, 단지 그것은 피해자의 승낙이나 형법상의 정당행위로서 위법성이 조각될 뿐이라는 입장이 다수를 차지하고 있는 현실에서 수술행위는 특별한 사정이 없다면 환자 쪽의 승낙을 받아야 하지요. 수술행위뿐만 아니라 신체나 생명에 위험을 줄 수 있는 모든 치료행위에 대해 사전에 환자의 승낙을 받아야 하며, 의사는 그 환자의 의사(意思)에 따른 의료서비스를 제공해 줌으로써 의사(醫師)는 환자와의 갈등 관계를 사전에 차단할 수 있습니다.

그러나 환자의 승낙은 그 환자가 그 승낙의 의미와 범위를 완전히 이해하는 것을 전제합니다. 환자가 승낙을 제대로 이해할 수 있기 위해서 의사는 승낙이 필요한 환자에게 시술의 의미와 그 효과 및 부작용 등에 관한 설명을 해야 합니다. 즉 환자의 승낙 이전에 의사는 그 치료행위의 위험성과 효과에 대해 환자에게 충분히 설명해 주어야 합니다. 그래야만 환자도 자기결정권을 제대로 행사할 수 있게 됩니다. 이러한 설명의무를 이행하여 환자로부터 동의받는 의사가 현대 의료상 요구되는 의료기술 수준을 준수하고, 환자에 대하여 의료인들에게 요구되는 해당 분야의 통상적 주의의무를 다한 의료행위를 하였다면, 그런 의사는 형벌과 손해배상으로부터 자유로워진다고 말할 수 있습니다. 일반적으로 말하자면 의사는 환자에 대하여 의료행위를 할 때는 언제나 환자의 승낙을 받아야 하며, 환자에게 의사로서 설명의무를 충실히 실행해야 하고, 의료과오가 없도록 주어진 주의의무를 다해야 합니다.

35

뇌사의 문제점과 생명의 종기 기준

1994년 11월

의학의 끝없는 발달로 인해 장기이식이 점차 현실화하고 있다. 장기는 인공적인 것보다 자연적인 것이 근본적으로 우수하므로 인간의 장기이식은 당연히 인간장기를 주로 이용한다. 인간장기는 그러나 살아있는 건강한 장기가 필수적이므로 그 장기의 공급원을 살아있는 사람으로부터 얻고자 하는 욕구가 점차 심화하고 있다. 그렇지만 살아있는 사람으로부터 장기의 공급은 심장같이 생사가 동반할 수 있는 경우도 생기기에, 가능하면 죽었다고 판정된 사람임을 필요로 한다. 바로 이 때문에 뇌의 기능이 일정 수준 이상 파괴되면, 그를 죽은 자로 보려는 경향이 의학계를 중심으로 널리 확산하고 있다.

뇌의 기능이 파괴되어서 마비된 경우라 할지라도 회복될 가능성이 있기에, 뇌가 죽어 뇌사자로 판정될 자를 극히 제한하고 있다. 따라서 뇌사가 문제 되는 것은 뇌에 이상이 있는 모든 인간, 특히 모든 정신병자에게 문제 되는 것이 아니고, 인공호흡기 등 생명유지장치에 의해서 생명이 유지되고 있는 환자에게 국한된 것이다. 그리고 그것도 원인 질환이 확정되어 있고 치료될 가능성이 없는 뇌경변이 있는 경우에 한하며, 수면제나 마취제 같은 급성약물중독 등의 증거가 없어야 하며, 저체온 및 쇼크 상태도 아니어야 한다는 매우 예외적인 경우로 한정하고 있다는 사실이다. 이런 점에서 특별한 경우 생명의 종기를 뇌사 상태를 기준으로 파악할 수 있다는 견해를 따른다 해도, 그러나 생명의 종기 문제는 사실상 대부분 심폐사의 기준에 의해서 해결하고 있는 셈이다. 지극히 예외적인 경우에만 국한해서 뇌사를 인정하고 있기에 생명의 종기를 일반적으로 뇌기능의 전면적 소실에만 있다고 보는 주장은 지나친 것이다. 그 때문에 미국의 의학협회나 이른바 '미국대통령자문위원회'의 권고안에서도 생명의 종기 기준을 뇌사에만 두고 있는 것이 아니라, 심폐사에도 역시 중요한 비중을 두고 있다.

그런데 생명의 종기 문제는 과학적 근거를 토대로 한 사실적 기초 위에서 출발한 것이지만, 그러나 어디까지나 법률

문제이다. 그러므로 이 문제는 과학적 근거를 기초로 하면서도 우리 헌법 질서의 가치체계에 합치된 기준에 따라 해결되어야 할 것이다. 그런 점에서 과학적으로 어떠한 기능의 정지가 죽음을 있게 한 결정적 요소인가를 우선하여 참작할 필요가 있다. 죽음의 문제에 결정적인 판단기준은 뇌의 기능과 호흡 기능 그리고 혈액순환기능, 이 3가지임을 우리는 부인할 수 없을 것이다. 따라서 이것들이 생명의 종기와 관련해서 각기 어떠한 기능을 하며, 이들 사이에 어떠한 관계가 있는지를 먼저 규명하는 것이 규범적으로 죽음의 시기를 판단하는 데 있어서 필요한 것으로 보인다.

최근의 의료기술은 뇌와 심장 그리고 폐가 이들 상호 간에 어떠한 상호작용을 하고 있는지를 명백히 알 수 있는 수준에까지 이르렀다. 즉 뇌는 해부학적으로 대뇌, 소뇌 그리고 뇌간(중뇌와 뇌교 및 연수를 포함)이라는 부분으로 이루어져 있다. 그런데 의식과 사고, 기억, 감각 등은 신경세포로 구성된 뇌간과 대뇌피질의 복잡한 상호관계에서 유래한다는 데에 의견이 통일되어 있다. 호흡은 뇌간 특히 연수에 의해서 조절되기 때문에 뇌의 호흡중추인 뇌간이 파괴되면 호흡은 정지된다. 그렇게 되면 심장은 필요한 산소를 공급받지 못하게 되어 심장기능도 역시 정지하게 된다. 심장기능이 정지하여 약 4~6분 지나면, 대뇌의 기능은 영구적으로 파괴되고, 10~15분 지나면 뇌간을 포함한 뇌의 모든 기능이 정지하게 된다. 뇌의 전기능정지는 자발적 호흡을 불가능하게 하며, 이 경우 인공호흡기에 의한 호흡의 가능성은 남는다. 그리고 뇌 전체의 기능정지가 불가역적으로 있게 된 환자의 심장박동은 길어야 2~10일 정도 계속될 수 있다(유아의 심장박동은 다소 길어질 수 있다). 4~6분 정도의 심장정지는 대뇌에 심한 손상을 주지만 비교적 저항력이 강한 뇌간은 기능을 유지할 수 있다. 대뇌만 손상을 입고 뇌간이 정상인 환자에게서는 이른바 '지속성 식물인간' 상태에 있게 된다. 이런 사람에게서는 하품이나 찡그림과 같은 것을 나타내고, 보조기계장치 없이 호흡할 수가 있다.

호흡의 정지는 심장정지와 뇌의 파괴를 불가피하게 초래하며, 심장의 정지는 뇌기능의 파괴뿐만 아니라 호흡기능의 정지를 야기한다는 사실이다. 즉 생명은 이들 각 기능이 결정적인 역할을 한다는 것을 무시할 수 없기에, 뇌사의 개념만이 정당하다거나 아니면 심폐사 기준만이 정당하다고 할 수는 없다. 그보다는 오히려 어떠한 기준으로 생명의 종기를 보는 것이 사회 윤리적 혹은 규범적으로 정당하고, 헌법상에 보장된 인간의 생명보호에 충실할 수 있겠느냐에 관건이 있는 것이다. 그 점에 대하여 필자는 일차적으로 심폐사가 그 기준이 되어야 한다고 본다. 그리고 이에 부과하여 뇌의 기능이 전면적으로 상실되고 인공호흡기 등 생명유지장치에 의해 생명이 유지되고 있는 환자에 대해서는 그의 자발적인 호흡과 혈액순환이 더 이상 불가능하여 그 유지장치를 제거하면 틀림없이 심폐사로 이어질 것이 명백히 입증되고 환자가족의 동의나 환자의 추정적 승낙이 있으면, 담당의사는 환자에 대한 인위적 생명유지의무가 면제될 수 있다고 해야 할 것이다. 즉 이와 같은 요건이 충족되면 담당의사는 인위적 생명유지장치를 차단할 수 있다고 볼 수 있다. 그리고 그 차단으로 인하여 자연적인 심폐의 기능이 정지되면, 인간은 사망한 것으로 보아야 한다. 이와 같은 기준이 큰 장점을 갖고 있다고 보는 이유는 다음과 같다.

첫째, 생명의 종기를 뇌사, 즉 뇌의 전(全)기능의 상실이 있는 때라고 보는 의료적 견해는 일반 국민의 법감정에 어긋난다. 왜냐하면 뇌기능이 완전하게 상실된 환자가 비록 인공호흡기라는 기계적 장치에 의해 생명을 유지하고 있을지라도 혈액순환이 되고 있어 체온이 아직도 따뜻한 신체를 갖는 한, 우리는 그를 시체라고 간주하여 그가 누리고 있는 인간의 존엄과 가치 모든 것을 박탈하여 그를 물건처럼 다룰 수 있다고 생각하는 것은 일반의 윤리의식에 반한다. 우리의 문화적 윤리의식에 따르면 이미 죽은 사람의 인격과 존엄도 사후에까지 미친다고 보는 것이 일반적인데, 하물며 심폐적 기능이 유지되고 있는 상태에 있고, 단지 뇌의 기능이 전면적으로 파괴되었다는 그 이유만으로 그를 이미 죽은 자로 보아 그에게 부착된 생명유지장치를 권한 없이 차단해도 결코 살인죄에 해당할 수 없다고 하는 것이 우리의 법감정에 용납될 수 있을지는 지극히 의문스럽다.

둘째, 뇌사설은 생명의 종기가 언제이어야 하느냐의 문제와 의사의 치료의무의 한계문제를 혼동하고 있다. 즉 뇌사설은 의사의 환자에 대한 치료의 의무는 환자가 죽을 때까지 무조건 계속된다는 전제하에 있어, 치료한 환자가 죽어야만 그 때에서야 비로소 의사의 치료의무가 면제된다는 견해에서 출발한 것이다. 그러나 그와 같은 의무에 관한 문제는 오히려 의사가 치료해야 할 의무를 한편으로 하고, 그의 치료의무 면제 시점 및 환자의 생명에 대한 자기결정권의 한계에서 찾아야 할 문제이다. 불치의 질병으로 임종에 직면해 있는 자에 대해서는 환자나 그 가족의 의사에 따라 그가 집으로 가서 가족의 품 안에서 임종을 맞이할 수 있도록 의사와 환자, 그리고 그 가족이 서로 협력하여 환자의 객사를 막는 것이 우리의 전통이자 유가족의 도리라고 본다. 이것은 환자가 임종에 직면할 때까지 환자에 대하여 의사는 최선의 의료상 서비스를, 그리고 환자의 보호자는 해야 할 도리를 다해야 하는 것을 부인한 것은 아니지만, 임종이 불가피하게 된 환자에 대하여 그의 의사(意思)에 반하면서까지 의사(醫師)에게 임종이 완전하게 도달될 때까지 무제한으로 치료해야 할 의무를 부담 지우는 것은 아니라는 점이다. 그러므로 인공호흡기 등에 의해서 생명을 유지하고 있는 환자에 대하여 뇌기능의 상실 여부로 생명의 종기를 결정하는 것은 우리의 생명에 대한 감정상 받아들이기 어려운 것이다. 오히려 뇌기능의 상실 여부는 의사가 인위적 생명 유지 조치를 계속 해야 할 의무의 결정 기준의 하나로서 파악하는 것이 정당할 것이다. 즉 뇌기능의 완전한 정지는 결국 심폐사를 직접적으로 야기하는 결정적 요인이며, 따라서 이는 죽음이 불가역적으로 가까워졌다는 명백한 징표이기 때문에, 뇌기능의 완전한 상실이 있는 경우에는 의사는 환자에 대하여 그와 가족의 동의 아래에 생명유지의무가 면제될 수 있다고 해야 할 것이다.

셋째, 뇌기능의 완전한 정지로 죽음을 판정한다면, 법적 개념으로서 생명의 종기인 뇌의 정지 여부를 누가 판단해야 하며, 어떻게 판단해야 하는 것인지에 대한 명확하고 객관성이 담보된 기준이나 합의가 있는 것도 아니다. 뇌의 기능파괴가 있었느냐의 여부는 오직 전문가만이, 그리고 특별한 실험이나 장치에 의해서 알 수 있게 되는데, 생명과 같이 귀중한 법익을 보호하는 문제일수록 누구라도 명확하고 객관적으로 판정할 수 있는 기준에 의해야 하는 것이다. 그런데도 생명의 종기 여부의 판단이 오직 특수한 사람과 특수한 기준에 의하면 의할수록 자의성의 개입을 막기 힘들어 생명보호의 기능은 그만큼 약화하는 것은 당연한 이치이다. 그리고 비록 뇌사의 객관적 기준이 마련되어 있다고 하더라도 언제 그런 조건을 구비하고 있으며, 어떤 식으로 그 기준의 해당성 여부를 판단할 것인가에 대해서도 자의성을 배제할 수 있는 합리적 보장장치가 구비된 것도 아니다.

넷째, 뇌기능의 완전한 정지로 죽음을 판정하는 것이 장기이식의 문제에 서광을 비출지도 모른다. 그러나 장기이식을 위해서 인간 죽음의 시기 여부를 뇌사로 결정한다는 것은 생명의 엄격한 보호 원칙에 어긋난다. 그리고 생명을 구하기 위하여 뇌사 상태에 있는 자에 대한 장기척출 문제는 피해자의 승낙의 이론을 포함하여 예외적인 경우로 국한하여 형법상 위법성 조각 사유나 책임 조각 사유 등으로 파악하는 방식으로 해결하는 것이 더 바람직하다. 그렇지 않고 생명의 종기는 일차원적인 관점에서 그리고 장기이식을 위해서 뇌사라는 하나의 기준에 의해서 해결하려고 한다면, 소설 코마에서 볼 수 있는 것처럼 뇌사를 가장한 인간장기 공급사업이나 장기이식 사업은 마약류 사업보다 범죄집단에 더욱 매력적인 사업이 될 가능성이 크다.

다섯째, 인간의 질에 근거하여 생명의 종기 문제를 파악하는 규범적 뇌사설은 자칫 인간의 생명을 상대화할 가능성이 크다. 본래 생명권은 자연현상으로서의 생명의 질 여부에 관계없이 인간의 존엄과 가치의 전제로서 모든 인간에게 보장된 것이다. 그런데도 생명의 질에 따라 인간을 달리 취급한다는 것은 생명의 존엄을 인권의 본질적 가치로 보호하고 있는 우리 헌법의 기본이념에 반할 수 있는 것이다. 즉 생명의 질을 삶과 죽음의 결정적 판단 근거로 이해한다면, 극단적인 경우 생을 유지할 가치가 없는 자나 사회적으로 유해한 자에 대해서는 국가적 이익이나 타인의 이익을 위해서 생명훼멸의 빌미를 제공할 수 있기 때문이다.

여섯째, 규범적 뇌사설은 심폐사 기준보다 생명의 종기 판단에 있어서 개인의 자의성 개입이 많다는 점이다. 심폐사의 기준에 있어서는 언제 심폐기능의 정지가 있었느냐는, 특별한 기구의 사용이나 전문가의 참여 없이도 일반인이면 누구나 명백하고 객관적으로 파악할 수 있다. 그러나 여기서 말한 뇌사는 인간이 인간다움을 언제 상실하느냐에 대해 그리 단순하고 명확하게 인식할 수 있는 기준으로 보기 어렵다는 점이다. 오직 의료전문가가 기계적인 도움을 받아서 뇌기능의 상실 여부 또는 상실 정도를 확인하게 되면, 그것을 규범적 입장에서 다시금 환자의 인간다움이 상실되었느냐 여부를 판단해야 하기에, 언제 뇌기능이 상당 부분 상실되었는지와 언제 인간다움이 상실되었느냐에 대해 객관적 판단이 그리 용이한 것이 아니다.

끝으로 뇌사설은 심폐사의 기준이 죽음의 최후기준으로 볼 수 없는 극복할 수 없는 결정적 결함을 갖고 있다고 주장하고 있으나, 이 문제는 인위적인 심폐기계장치에 의해 생명이 유지되고 있는 환자에 대해 의사의 인위적 생명유지의무가 언제 면제나 중지할 수 있느냐에 의하여 해소될 수 있기에 심폐사의 기준이 예외적으로 불명확할 수 있다는 주장은 극복 불가능한 것이 아니다.

이와 같은 점에서 볼 때 현재 명문으로 뇌사를 인정하고 있지 않은 단계에선 생명 종기의 기준시점은 원칙적으로 심폐사에서 찾아야 할 것이다. 그리고 여기서 심폐사라고 하는 것은 심장이나 폐의 기능정지로 더 이상 불가역적으로 호흡을 할 수가 없고, 혈류가 흐르지 않는 것을 의미한다. 따라서 호흡하고 혈액이 흐르고 있는 자는 비록 뇌의 기능이 전면적으로 파괴되었다고 하더라도 살아 있는 자라고 보아야 할 것이다. 따라서 지속적 식물인간에 대하여 심장 같은 장기의 적출행위는 살인행위가 되며, 승낙이나 촉탁을 받았다고 해도 적극적으로 생명을 침해하면, 촉탁살인이나 승낙살인죄에 해당한다고 해야 할 것이다. 같은 맥락에서 뇌의 기능이 파괴된 혼수상태의 환자에게 부착된 인공호흡기 등 생명유지장치를 무단으로 차단함으로써 호흡하지 못하게 해서 사람을 죽게 한 행위도 역시 살인행위에 해당한다고 해야 할 것이다. 또한 환자의 보호자나 담당의사는 환자의 죽음이 불가피한 길로 들어서기까지는 환자 측과 병원 측의 사정을 충분히 고려하여 환자의 생명을 유지할 수 있는 최선의 방법을 이행해야 할 것이다. 주어진 조건에서 환자를 살릴 수 있는 길이 가능함에도 의식적으로 그것을 포기하였다면, 관계인들은 살인죄의 죄책을 부담할 수도 있는 것이다.

36

안락사의 허용이 가능한가?

형사정책연구, 1993년 겨울호

우리 형법은 살인행위를 금지하고 있을 뿐만 아니라, 촉탁이나 승낙에 의한 살인, 심지어 자살방조까지도 엄한 형벌로 금지하고 있다. 이는 인간의 생명보호는 국가의 책무이며, 그 때문에 생존 가치가 없어 보이는 자의 생명도 형법상 보호해야 할 법익이라는 것을 극명하게 보여주는 것이다.

이와 같이 생명에 대한 엄격한 보호의 결과, 예컨대 회복불능한 중환자가 참기 어려운 고통으로 생명을 단축해 달라는 절실한 요구가 있다고 하더라도, 그의 고통을 제거하기 위해 사기(死期)를 앞당기는 조치를 무조건적으로 허용할 수 있지 않다. 그렇지만 생명의 무조건적·절대적 보호 때문에 모든 희생을 무릅쓰고 무익한 치료를 무한정으로 강행할 수는 없을 것이다. 그 이유는 견딜 수 없는 고통 때문에 죽음을 학수고대하는 불치의 환자의 생명을 모든 수단을 동원해서 인위적으로 무조건 연장하는 것은 때로는 무익한 행위일 수도 있기 때문이다.

이처럼 한편에서는 어떠한 형식이든 살인행위 그 자체를 금지하고 있지만, 다른 한편에서는 임종의 고통을 완화해야 할 불가피한 사정이 있는 것이다. 이 경우 이러한 문제를 어떻게 해결하는 것이 가장 인간의 존엄과 가치에 부응하며 조화될 수 있는가를 다루는 것이 바로 다름 아닌 안락사의 문제인 것이다.

안락사의 문제는 인위적인 생명의 단축을 의미하므로 생명의 종기 기준을 명백하게 해야 한다. 이런 점 때문에 생명의 종기에 관한 특별한 법률의 규정이 없는 한 생명의 종기를 뇌사로 보지 않고, 심폐기능의 정지로 인해 혈액과 호흡이 불가역적으로 중지된 때라고 해야 한다. 그 이유는 생명의 종기 문제는 사실문제가 아니라 법률문제이어서 생명의 종기를 언제로 해야 하는가는 정당성의 문제로 귀착된다. 따라서 심폐사를 생명의 종기로 보는 것은 생명에 대한 현재 우리의 윤리의식에 대부분 일치하고, 또한 생명의 존엄성 문제와 결부해서 볼 때도 심폐사를 기준으로 하는 것이, 뇌사를 인정했을 때 뇌사를 가장한 인간장기 공급사업과 같은 범죄적 생명침해의 남용을 방지하는 최후의 수단이 될 수 있기 때문이다.

안락사의 문제는 생명권에 대한 문제이므로 생명권의 근거와 한계, 그리고 생명권에 대한 자기결정권 문제를 불가피하게 전제한다. 생명권은 우리 헌법상 당연히 전제되어 있으며, 헌법 제37조 제2항에 의해서 그 본질이 박탈될 수 없다. 그러나 생명은 단순히 순수한 개인적 법익으로 아무 간섭 없이 각자가 마음대로 처분할 수 있는 권리가 아니라, 사회적 혹은 국가적 이해관계가 큰 법익이기 때문에 일정한 제약을 받는다. 또한 생명에 대한 자기결정권의 행사는 단순히 언어적 표현에 의해 타인에게 그 권리의 행사가 양도될 수 있는 것이 아니라, 언어적 표현만으로는 부족하고 오직 자기 자신의 행동에 의해서만이 표현될 수 있다. 이에 따라 임종에 직면한 자를 포함한 모든 타인에 대한 적극적 살인은 그것이 어떠한 명목을 갖더라도 허용될 수 없다 할 것이다.

죽어 가는 자에 대한 의사의 치료의무는 무조건적이고 절대적인 것은 아니다. 환자에 대한 의사의 생명유지의무의 존속 여부는 일차적으로 환자 자신의 자기결정권에 기초해야 할 것이다. 그러나 환자가 임종의 길로 불가피하게 접어들어 그와 같은 자기결정권의 행사가 명백히 불가피한 경우에는, 그 때부터 환자 보호자나 가족의 동의가 있는 경우 담당 의사는 치료의무 대신에 그 환자가 인간다운 죽음을 맞이할 수 있도록 배려해야 할 의무로 전환된다고 해석해야 할 것이다.

안락사라 하더라도 적극적 존엄사라고 할 수 있는 안락사는 결코 인정할 수 없다. 불치의 질병에 걸린 환자가 직접적으로 임종의 위험에 접어든 경우, 의사 등 보호자가 그의 생명을 회복 내지 유지할 수 있음에도 불구하고 그가 인간다운 죽음을 맞이할 수 있도록 적절한 생명유지조치나 생명구조조치를 실행하지 않음으로써 그의 죽음을 야기하는 방법을 소극적 존엄사라고 한다면, 이러한 식의 존엄사는 다음의 두 경우를 구분해야 할 것이다. 첫째로 환자가 자신의 자기결정권에 기해서 의사의 치료를 거절하는 경우에는, 환자의 자기결정권이 의사나 보호자의 생명구조의무에 우선한다고 보아 환자의 의사(意思)에 반해서 인위적인 생명유지조치를 강제적으로 할 수 없다고 해야 한다. 따라서 그러한 범위에서는 보호자나 의사는 생명유지의무가 면제되므로 불치의 환자의 요구에 응해서 치료를 중단한 의사는 처벌할 수 없다고 보아야 할 것이다. 둘째로 환자가 생명단축을 목적으로 치료받기를 거부했지만, 그가 이미 변별력을 잃은 상태에서 치료를 거부했다면, 이는 환자의 자기결정권이 유효하게 행사된 것이 아니므로 담당의사의 환자에 대한 생명유지의무가 유지된다고 해야 할 것이다. 이 때문에 그 의무에 위배하여 사람을 죽게 만든 의사 등은 경우에 따라 유기치사나 살인죄에 해당할 수 있는 것이다. 그러나 만일 환자가 자기결정권을 행사할 수 있을 정도의 의식이 없는 경우는 어떻게 해야 할까? 그러한 경우는 환자가 뇌기능의 전면적 상실로 식물인간이 된 경우가 전형적인 경우인데, 그때는 주관적인 측면에서 환자의 추정적 의사나 환자 보호자의 동의가 있고, 객관적인 측면에서 환자가 이미 임종의 단계에 불가역적으로 들어가고 있다는 명확한 증거가 있을 때만, 그때부터는 담당 의사는 환자의 생명을 인위적으로 유지 내지 연장해야 할 의무가 면제되고, 환자의 안락한 죽음을 위해 협조해야 할 의무를 진다고 해야 할 것이다. 그러나 그러한 요건이 충족되지 못한 상태에서 생명유지장치 등을 자의적으로 제거하여 환자를 죽게 하면, 의사는 유기치사 혹은 살인의 죄책을 벗어날 수 없다고 해야 한다.

극심한 고통을 수반한 불치의 질병에 시달린 환자에 대한 안락사일지라도 적극적 안락사는 허용될 수 없지만 소극적 안락사는 허용된다고 보아야 할 것입니다. 그리고 또한 간접적 안락사도 허용될 수 있다고 본다. 여기서 간접적 안락사란 극심한 고통을 동반한 불치의 질병에 시달린 환자에 대하여 그의 고통 완화를 목적으로 한 치료행위가 부작용으로 사망의 결과를 야기한다는 것을 알면서도, 그 치료행위를 실행함으로써 사망의 결과를 야기한 경우이다. 여기서는 첫째로 행위자가 치료행위로 야기되는 위험성에 대해 환자에게 충분히 설명의무를 다하고, 환자가 자기결정권에 근거하여 그 치료방법을 선택할 수 있도록 해야 한다. 그리고 둘째로 환자의 고통에 비례하여 더 큰 고통을 완화하기 위해서 더욱 강력한 진통 조치도 가능하다고 해야 할 것이지만, 그와 같은 진통조치가 환자의 사망을 직접 야기하게 하는 수준에까지 도달해서는 안 될 것이다. 그리고 더 나아가서 협의의 안락사 요건에 해당하는 환자가 고통에 못 이겨 스스로 목숨을 끊는 행위를 방조한 경우에는 입법론적으로 불가벌로 하는 것이 타당하다. 그러나 이 경우에도 자살한 자가 자살의 의미를 변별할 능력이 없어, 자기결정권의 행사가 그 정당성을 보장할 수 없음에도 불구하고 그 자살을 적극적으로 도와 자살케 한 자는 무조건적으로 형벌면제를 하게 할 수는 없을 것이다.

우리가 안락사를 무조건 배척할 수 없고, 제한된 범위에서 허용될 수 있다면, 그 허용의 범위를 단순히 이론에 맡겨둘 것이 아니라, 엄격한 요건 아래 입법적으로 해결하는 것이 바람직하다고 본다. 안락사가 제한된 범위에서 허용될 수 있는 범위는 지극히 한정적이어야 한다는 점은 위에서 분명히 밝힌 바 있다. 따라서 제한된 범위에서의 안락사는 입법적으로 엄격한 제한 아래에 두고, 이 요건에 해당하는 경우에 국한해서 불가벌로 하는 것이 바람직하다고 생각된다. 그리고 그 경우 단순히 형법상으로 불가벌이라고 한정할 필요는 없고, 형을 면제하거나 검사가 일정한 요건 아래에서 불기소할 수 있도록 하는 방법도 고려하는 것이 안락사 남용의 폐해를 줄일 수 있는 길이라고 생각한다.

37

장기이식

1996년 3월

의학의 발전으로 안구, 신장, 심장, 간, 췌장, 폐 등과 같은 장기이식이 가능해졌다. 이젠 안구이식과 신장이식은 통상적인 치료방법으로 인식되고, 간이나 심장이식조차도 점차 성공률이 높아지고 있다. 건강한 삶이 인간의 원초적 욕구임을 우리가 부정할 수 없다면, 그러한 삶에 결정적으로 기여할 수 있는 장기이식은 장래에 있어 더욱 활성화되리라 생각한다.

장기이식은 장기의 공급을 전제로 한다. 장기이식을 하는 데는 인조장기를 이용하는 방법도 생각해 볼 수 있지만 거기에는 한계가 있음을 우리는 보아왔다. 따라서 현재의 기술수준으로는 타인의 장기를 이용하는 것이 거의 불가피한 실정이다. 타인의 장기는 신장과 같이 한 사람이 복수로 갖고 있어서 그중의 하나를 적출하여도 생명의 위험이 비교적 적은 경우가 있는가 하면, 심장처럼 한 사람이 한 개씩만 갖고 있어 그 같은 장기의 적출은 그 자체 생명의 박탈행위와 다를 바가 없게 된다.

생명의 위험에 지장이 없는 장기의 적출은 신체에 대한 상해행위이어서 상해죄의 구성요건에 해당하지만, 그것은 피해자의 승낙에 의해서 위법성이 조각될 수 있다. 그러나 피해자의 생명에 직접 관련된 장기의 적출은 비록 제공자가 진정한 의사에 의해 그것을 승낙했다 할지라도 형법상의 촉탁·승낙살인죄에 해당한다. 따라서 그런 행위는 피해자의 승낙에 의해 위법성이 조각될 수 없으며, 또한 면책사유에 해당하기도 어렵다. 그 때문에 제3자를 살리기 위해 이미 임종의 단계에 접어든 제공자가 희생정신으로 자신의 장기적출을 허용해도 그 장기를 적출한 의사는 현행법의 해석상 처벌로부터 자유로울 수가 없다.

이러한 이유로 생명에 관계된 장기적출은 사체(死體)로부터 해야 할 필요성이 생긴다. 그런데 종래 우리는 생명의 종기를 호흡과 심장박동의 영원한 정지라고 이해하였기에 사체라는 것은 심폐기능이 멈춰진 자이고, 그런 자로부터 얻는 장기는 그 신선도가 떨어져 장기이식의 성공률을 매우 낮게 하는 요인이 되고 있다.

이러한 난점을 해결하기 위해서 종래 심폐사, 즉 심장박동과 호흡의 영원한 정지를 생명의 종기로 보았던 것과는 달리, 뇌의 기능 손실을 생명의 종기로 보는 이른바 뇌사설이 실리적인 점에서 지지기반을 가지게 되고, 점진적으로 증가추세에 있다. 뇌사설은 이미 미국을 비롯한 많은 문명국가에서 채택되어 생명의 종기로 인정되고 있고, 장기이식에 일조하고 있음은 분명하다. 그러나 오직 장기이식을 위해 생명의 종기에 대한 일반적 기준을 무조건 뇌사설에 둔다면 장기이식 문제에 있어서 바람직한 해결책이 될지 모르지만, 그러나 일반적 생명의 보호에 치명적 위험을 야기할 수 있기에 이른바 미끄러운 비탈 이론에 속할 개연성이 적지 않아 보인다.

우리의 신체 부분 중 장기이식이 가능해도, 장기이식을 해서는 안 되는 부분이 있을까? 그 부분은 어디일까?

장기이식은 일반적으로 동종의 인간장기 적출을 전제한다. 그리고 장기적출에 관한 적절한 형법적 논의를 위해선 우선 무엇보다도 장기의 개념이 무엇인지를 분명히 할 필요가 있다. 왜냐하면 인간의 신체를 이루고 있는 구성물, 예컨대 피부, 혈액, 치아, 머리털, 손톱과 발톱 등을 모두 다 형법적 개입의 대상이 되는 장기라고 이해한다면, 자기 자식의 손톱이나 발톱 그리고 때에 따라 머리를 자른 일조차도 장기의 적출이 되어 가벌적 행위가 될 수 있기 때문이다.

그러나 머리털이나 손톱 등은 인체에 의해 재생이 되고

있기에 오늘날 장기이식의 용도에 사용될 필요성이 별로 없는 것이다. 따라서 인체에 의해 재생이 가능한 인체의 구성물은 장기이식에 필요한 장기적출의 대상이 될 수 없다고 해야 할 것이다. 그런 점에서 혈액도 장기이식을 위한 장기적출의 대상 장기라고 볼 수 없을 것이다. 이에 따라 '장기'는 인체에 의해 재생이 불가능한 인체조직의 구성물로 이루어진 인체의 모든 부분이라고 말할 수 있을 것이다.

여기서 조심해야 할 것은 첫째 현대 의학상 재생이 불가능한 인체의 구성물 중 특정 부위의 이식이 가능하다고 해도 사람의 동일성이나 혈연관계의 구별에 혼란을 야기하는 인체의 일정부분에 대해서는 장기이식을 금지할 필요가 있을 것이다. 예컨대 생식기의 이식을 허용한다면 그로 인해 전통윤리와 이것에 기초한 법률관계의 혼동을 야기할 수 있기에 생식기의 이식은 허용될 수 없다고 해야 할 것이다. 또한 특정인의 동일성을 본질적으로 나타내는 부위, 예컨대 머리 전체도 이식의 대상에서 제외해야 하기에 적출의 대상이 될 수 없다고 해야 할 것이다. 둘째로 피해자의 생명에 대한 직접적 위험을 주는 장기적출은 원칙적으로 허용될 수 없다 할 것이다. 이는 피해자가 승낙했다 할지라도 승낙살인으로 현행법상 처벌된다. 그러나 장기적출이 제공자에게 단순히 신체장애를 초래케 한다는 이유만으로 그의 승낙 여부에 관계 없이 무조건 가벌적 행위로 보는 것은 지나치다 할 것이다. 왜냐하면 생명의 위험에 관계 없는 장기적출이라 할지라도 모든 장기적출은 다소간 신체의 기능장애를 불러일으킬 수 있음을 부정할 수 없을 것이고, 심지어 신장적출도 예외는 아니다. 그럼에도 이런 유의 적출이 제공자의 승낙에 의해 위법성이 조각될 수 있음을 부인하기는 어려울 것이다. 셋째 장기적출은 장기이식뿐만 아니라, 연구나 교육목적에 의해서도 가능하다 할 것이다. 하지만 치료를 목적으로 할 때는 허용범위가 여타의 경우보다 넓어야 할 것이다. 이런 점에서 치료의 목적으로 불가피하게 장기를 적출한 경우에는 비록 그로 인해 다소의 신체상 장애를 야기하게 한다고 하여도 무조건 가벌적 행위라고 해서는 안 될 것이다.

Chapter

5

법조인과 법학자에 대한 단상

38

위대한 법조인 효당(曉堂) 엄상섭 선생

대한변협신문, 2003년 9월 15일

2003년 9월은 우리 형법이 제정된 지 50년이 되는 달이다. 이 50주년을 기념하기 위해 한국형사법학회는 형법의 제정 경위와 기본사상을 규명하고, 제정형법이 법조실무와 국민의 실생활에 어떠한 역할을 하였는지를 밝혀보려는 학술행사를 준비하여, 50년 전 형법이 제정되었던 그곳(현재 동아대학교 법과대학)에서 9월 26일과 27일 양일간 형법제정 50주년 기념 학술대회를 개최하게 된다. 이에 즈음하여 제정형법에 결정적으로 기여했던 한 분인 효당 엄상섭 선생을 소개하고자 한다.

일본으로부터 해방된 지 8년이 지난 1953년 9월 18일에 제정된 한국 형법은 그해 10월 3일 시행되었다. 이 법이 제정되고 시행되기까지 다음과 같은 과정이 있었다. 미군정의 법령에 근거하여 조직된 조선법제편찬위원회 형법분과위원회 소속인 양원일 위원(당시 판사)과 엄상섭 위원(당시 서울지검 차장검사)에 의해 1947년부터 형법전 준비초안의 작업에 들어가 형법요강이 작성되고, 그 사이 1948년 대한민국이 수립되면서 대통령령 제4호로 법전편찬위원회 직제가 제정되어 이들 양인이 형법전 제정에 관한 군정시대의 법제편찬위원회 사업을 다시금 계속하였다.

그러나 양원일 위원의 갑작스러운 죽음으로 그를 대신한 김병로 법전편찬위원회위원장(당시 대법원장)과 함께 엄상섭 위원(당시 대검찰청 검사)이 민족정신과 자유민주주의의 이념에 토대를 둔 제정헌법의 정신에 걸맞은 형법초안을 입안하였고, 이것이 1949년의 정부초안이다.

이 초안에 근거한 정부안이 1951년 제2대 국회에 제출되고, 당시 국회의원이었던 엄상섭 선생의 주도로 국회에서 축조심의 및 보완되어 제정형법으로 태어났다. 형법의 정부안을 국회에서 심의하는 과정에서 엄상섭 의원은 법제사법위원장 대리의 역할을 하였고, 특히 형법 제30조 제2항의 의제공범에 관한 규정은 세계적 대세인 형사책임 개별화의 원리에 반하기에 철폐하여야 한다는 그의 다음과 같은 주장으로 형법총칙에

서 제외하였다.[1)]

"… 근대형법에 있어서는 '형사책임 개별화의 원리'라는 것이 인식되어 가지고 있습니다. 형사책임은 다른 사람 때문에 책임을 지지 못하고 자기가 적어도 관여하고 자기가 알고 실행하고 그런 때만 책임을 져야 한다. 이러한 것이 형사책임 개별화의 원칙이라고 하는 것으로서 그런 점으로 보아서 이것을 깎자는 것입니다. 그러면 이것이 원안(原案)에 이 세계 어느 나라에도 없는 이 … 원안을 집어넣게 되느냐? 이 사실에 있어서는 원안을 만들고 있을 당시에 '여순반란사건'이 있어 자위세력 일종의 대비도 된다는 느낌이 있었던 것입니다. … 아무리 생각해 보아도 근대 형법 불변의 철칙으로 되어 있는 형사책임 개별화의 원칙에 위반되어서 이 형법을 내놓으면 다른 나라에서도 대한민국이 새로운 입법추세에 의해서 형법을 제정했다고 하면서 그런 것을 내놓는다고 하면 아무리 해도 재미없겠다. 또 실질상 운영에서도 중대한 위험이 따른다. 그래서 이것을 삭제하자는 동의(動議)를 내는 것입니다."

이처럼 엄상섭 선생은 제정형법에 대한 기본사상의 정립에서부터 각 조문의 구성과 그 배열 및 심지어 조문의 자구수정의 세세한 부분에 이르기까지 관여하였고, 국회에서 형법전을 통과시키는 과정에서도 국회의원들에게 형법의 근본원칙과 기본적 내용을 설명하며, 총론과 각론의 체계적 연계 및

1) 이에 관해 자세한 내용은 신동운, 「형사법제정자료집(1) 형법」, 218쪽 이하 참조.

신생독립국가에서 있어야 할 각 조문과 함께 형법의 민주화를 위한 조문화의 실현 등 형법의 제정에 관해 주도적인 역할을 하였다. 이뿐만 아니라 "형법연구의 태도", "형법요강해설", "우리 형법전에 나타난 형법의 민주화 조항", "확신범에 대한 대책", "우리 형법전과 공범이론" 등 주옥같은 그의 논문은 우리의 제정형법이 취하고 있는 기본적 태도에 대한 설명과 함께 한국 형법학의 독자성을 확립할 수 있는 심도 있는 내용을 다루고 있어, 그가 우리 형법학계에도 크게 기여하였다. 그 밖에도 그는 우리 형사소송법의 제정과 그 운용에도 결정적으로 관여했으며, 미군정 시절 무너져 갔던 한국검찰의 위상을 바로 세웠던 일등 공신이었다.

일제강점기에 검사로서 지낸 것을 평생 후회하면서 다시는 지조 없는 짓을 하지 않겠다고 언론에 공표했던 그는 인권침해적 사법의 전형이었던 식민지 형사사법의 실무를 현장에서 겪었고, 해방 후 좌우익 간의 극심한 이념 갈등으로 인한 혼란, 6·25 사변에 의한 처참한 동족상쟁과 도탄에 빠진 국민의 생활고, 게다가 이승만 독재정권의 지속으로 인한 불의와 부패가 만연되고 국민의 기본적 자유가 극도로 침해되는 사회를 몸소 체험하였다. 이 과정에서 국민 개인의 존엄성과 자유가 확보된 사회의 형성과 유지야말로 국민이 인간다운 삶을 누릴 수 있는 유일한 길이라는 신념에서 그는 자유민주주의와 실질적 죄형법정주의를 신봉하고, 이러한 이념의 실현을 위해

온 몸을 던질 각오로 달성하고자 하였다. 즉 그는 부패한 정치를 펼쳤던 이승만 독재정권에 항거하여 직언을 서슴지 않았으며, 국민적 원성이 자자했던 '국민방위군사건'[2]을 포함한 '중석불(重石弗) 사건'[3] 같은 중대한 부패 사건에 대해 썩은 부위를 잘라내는 작업을 감행하는 데 주저하지 않았다.

나아가 엄상섭 선생은 대통령중심제의 폐해와 내각책임제의 당위성과 불가피성, 자유민주주의의 정당성 등을 말과 글 그리고 행동으로 역설함으로써 한국 헌법사에도 깊은 영향을 주었다. 또한 미군정 시절 무너져 가던 한국검찰의 위상을 높이 세웠으며, 이승만 독재정권에 굴하지 않고 맞서 사사오입 개헌[4]의 부당성을 통렬하게 비판하며 인권옹호와 법치주의의 실현에 헌신했고, 국회의원 선거를 통해서 체험한 부정선거와 추악한 관권선거의 현실을 조목조목 개탄하며, '형사재판의 민주화', '정치의 합법성과 비합법성', '권력과 자유', '정당과 정치인', '확신범에 대한 대책' 등 주옥같은 정치평론과 논문들을

2) 국민방위군사건은 6·25 사변 당시 중공군의 침입으로 전선에서 밀렸던 1·4후퇴 시기 방위군 예산을 국민방위군 간부들이 약 25억 원의 국고금과 물자를 부정 착복함으로써 야기되었다. 식량 및 피복 등 보급품을 지급하지 못하였고, 방위군 수만 명의 아사자와 병자를 발생시켰다. 이 사건으로 신성모 국방부 장관이 물러나고, 이기붕이 그 후임으로 임명되었다. 사건의 직접 책임자인 김윤근, 윤익헌 등 국민방위군 주요 간부 5명이 사형 선고되었다.

3) 1952년 6월 정부가 '중석불'(중석을 외국에 팔아서 획득한 달러)을 민간 상사에 불하(拂下)하여 밀가루와 비료를 수입케 하고, 이를 농민에게 비싼 값으로 팔아 심하게 피해 입힌 사건.

4) 이승만 정권 시절, 헌법상 대통령이 3선을 할 수 없는 제한을 철폐하기 위해, 당시의 집권당인 자유당(自由黨)이 사사오입의 논리를 적용시켜 정족수 미달의 헌법 개정안을 불법 통과시킨 제2차 헌법개정.

통하여 정의로운 사회형성과 실질적 법치주의의 확보를 위해 노력하였다. 또한 참다운 민주사회를 구현하기 위해 우리는 무엇을 어떻게 해야 할 것인가를 예리하고 심오한 눈으로 파악하고, 이에 대한 설득력 있는 대안을 제시하였다.

선생은 자신이 겪었던 불의에 대한 체험과 항거 그리고 쉼 없는 독서와 연구를 통하여 일제로부터 해방된 신생 국가인 한국에서 위정자들이 무엇을 어떻게 해야 국민의 인권이 보장되며, 삶의 질이 높아지고 인간답게 살 수 있을까에 대해 끊임없는 물음을 던지고, 이에 대한 해답을 찾으며 이 땅에 자유민주주의가 실현되도록 진력하였다. 바로 이러한 그의 사상과 행동을 통해 그가 우리 시대 가장 탁월하고 훌륭한 입법자이자, 사상가이며, 법학자이고, 법실무자였다고 할 수 있다.

이런 점에서 진정한 법조인의 참모습이 무엇인가를 행동으로 보여준 그를 한국 형법의 아버지라고 불러도 무방하다고 보며, 법률가도 위대한 인물의 반열에 들어갈 수 있다는 것을 우리 형법의 아버지였던 엄상섭 선생이 입증하였다고 할 것이다.

39

이항녕 선생의 법사상과 문학
-이율배반적 행동-

문학에 취미가 없는 저인지라 지금껏 이항녕 선생의 소설을 읽어본 적도 없는 마당에 그분의 법사상과 문학에 관한 토론을 하라니 매우 곤혹스럽다. 선생은 적지 않은 작품을 쓰셨던 까닭에 그의 작품 모두를 당장 읽을 수 없었다. 더구나 이번 토론과 관련하여 반드시 읽어야 할 작품 목록을 저의 동아대학교 도서관 사서에게 보여주었더니, 도대체가 한 권도 없다고 한다. 이럭저럭 시간은 지나가고, 그러던 어느 날 신동운 교수와 통화하면서 신 교수께 부탁했더니, 이항녕 선생의 소설 『교육가족』, 『청산곡』, 『객설록』을 손수 복사하여 저에게 즉시 보내주었다. 또한 동아대학교 대학도서관 쪽에서도 타대학교의 도움을 받아 이항녕 선생의 여타 작품에 관한 복사본을 저에게 넘겨주었다.

선생의 많은 작품 중에서 저는 단지 몇 권만을 읽고, 선생의 다재다능한 능력을 완전히 파악하여 토론장에서 핵심적 의문을 제기하기에는 저의 능력이 도저히 미칠 수가 없다. 그러기에 선생의 문학에서 그의 핵심적 사상을 잡아보려고 헤매는 수준에서 몇 가지 느낀 점을 두서없이 이야기하겠다.

선생은 문학을 단순히 문학으로만 이해하는 것이 아니었다. 1961년 4·19 후에 쓴 『청산곡』이라는 소설 서문에서 선생은 자신의 사상을 "혹은 논문으로 발표할 수 있을 것이요, 혹은 수필로도 발표할 수 있을 것이지마는 나는 소설이라는 형식을 택해 보기로 하였습니다"라고 적고 있다. 이 말씀은 비록 소설형식이라도 선생의 법사상을 문학작품으로 표현하고 싶다는 뜻으로 논자는 이해할 수 있었다. 이런 점에서 선생의 문학작품은 단순한 소설이나 수필 또는 시가 아니라, 그의 사상 집합체라고 여겨지고, 또한 그의 법사상은 결코 문학과 떨어질 수 없는 관련성을 가진다는 것, 법사상이 문학에 녹여있다는 보아도 무방하리라 생각된다.

선생의 소설이나 수필을 읽노라면 하이데거가 말하는 "편안하게 안주할 수 있는 고향"을 느끼게 한다. 그 고향에서는 내가 인정받고, 내가 기준이며, 그런 곳에 안주하는 것이 선생 자신의 숙명이자, 선생의 표현을 빌리자면 이른바 "풍토적 자연"의 안주이다. 이 풍토적 자연은 자기 개인과 풍토상의 요인에 의한 특수성을 한편으로 그리고 인간의 보편성을 다른 한편으로 하여 한 데 어울리는 것으로 파악한다. 즉 특수성이 보편성 속에서 제대로 어울려야만 있어야 할 법의 고향이자 있어야 할 선생의 마음 고향이며, 이런 고향에서는 선생이 고향에 적응해 왔듯이 고향도 선생에게 적응할 수 있게 하는 곳으로 이해하게 된다. 그리고 고향에서 잘살 수 있기 위해 각자 생활 속의 직분에 맞는 본연의 자신대로 있어야 할 고향에 잘 적응하기만 하면 되는 것이다. 우리가 이것을 직분주의(職分主意)라고 표현할 수 있을 것이고 혹은 상대주의라고 표현할 수 있다면, 이항녕 선생이야말로 정말이지 법상대주의(法相對主義)의 화신이라는 생각이 든다.

선생의 많은 글에서 우리는 이것을 아주 자주 볼 수 있다. 특히 그의 수필집인 『객설록』에 있는 '표준형'이라는 글에서 그것을 더욱 명확히 볼 수 있다. 그의 이야길 직접 들어보자.

"흔히 나를 보고 키가 「작다」고 하나 나는 스스로 생각하기를 내 키는 「표준형」이라고 한다. 내가 작은 것이 아니다. 나는 보통이다. 그저 나보다 큰 사람은 「큰 사람」일 따름이요, 도 나보다 작은 사람도 없지는 않을 것이니 그 사람이야말로 정말 「작은 사람」일 것이다. … 몇몇 뛰어난 사람을 보통 사람으로 만들고 보통 사람을 죄인 취급할 필요가 없지 않는가? …

해방 후 「반민법」이라는 법이 제정되었고, 6·25 사변 수복 후에는 「부역법」이라는 법이 제정되었다. 그때 형편으로서는 대한민국 사람의 대부분이 친일파가 아니면 부역자라는 죄명을 면할 도리가 없었다. … 일제시(日帝時)나 6·25 사변 중에서도 또한 같다."

이 글은 그리스의 소피스트에서 자주 듣던 소리다. 자기 자신이 만물의 척도이기에, 자신은 보통이라는 기준으로 사물을 판단하고, 세상사를 이해하려고 한다. 이는 선생 자신을 보통인으로 내세워 친일파로 매도되는 것을 피하려고 했던 보통인이 보여준 몸부림이기도 하다.

그러면서도 그 자신은 일본제국주의 시대에 관리가 되어 일제의 민족적 수탈에 가담하게 된 것을 참으로 부끄럽게 생각하여 기회 있을 때마다 자신의 실수를 폭로한다. 이런 까닭에 자신의 실수를 인정하지 않았던 춘원 이광수에 관해 공개적으로 비난을 퍼부었다. 여기서 어느 것이 진실인지 의문이 생긴다. 한편으로 그는 자신에 대한 친일파라는 매도를 부정하면서, 다른 한편으로 그 자신은 수도 없이 자주 친일했기에 비난받아야 마땅하다고 말하고 있지 않은가.

친일했던 적잖은 분들이 그것을 감추려 노력하였기에, 그의 솔직한 고백은 국민에게 깊은 감동을 줄 수 있었다. 그러나 그의 행동 면을 보면 그는 군사쿠데타를 일으켰던 박정희 정권에 한없이 나약하였을 뿐만 아니라 앞장서서 그런 부당한 권력에 자주 편들었다. 이런 점에서 그가 진실한 후회의 마음으로 사죄하였다고 여길 수 없어 보인다. 특히 선생은 전두환 정권 시절에도 얼마나 자주 부당한 권력과 가까이하면서 부귀영화를 누렸으며, 또한 이로 인한 후회를 몇 번이고 반복하였는가를 적나라하게 보여준다.

선생의 이런 점은 효당(曉堂) 엄상섭 선생과 비교된다. 효당은 일본제국주의 시대에 검사로 활동하면서도 창 씨의 개명조차 하지도 아니하였지만(당시 공무원이 창 씨를 개명하지 않으면 월급이 대폭 삭감되었음), 해방 후 일제의 검사로 봉사하였다는 이유로 관직에서 그만두었다. 그는 그러면서 다시는 권력자에 대해 빌붙지 않겠다고 공개적으로 다짐하였으며, 이 때문인지 그는 당시 이승만 대통령의 독재정치에 대하여 독숨을 내놓고 공개적인 비난을 감행하였다. 특히 '국민방위군사건', '중석불 사건', '서민호 사건'의 해명을 위해 동분서주하였다. 어디 그것뿐인가. 그는 이승만 정권의 사법왜곡으로 존재하지도 않은 '국제공산당연맹'의 당원으로 몰려 죽을 뻔하기도 하였다.

법철학은 솔직해야 한다. 또한 자기의 행동에서 그의 법철학적 사상을 찾을 수 있어야 한다. 이런 면에서 본다면 이항녕 선생은 법철학이 없다고 말해야 한다. 다만 문자로 작성된 것으로 평가한다면, 그에게도 상대주의의 입장이긴 하지만 진리와 정의는 풍토상에서 찾을 수 있다[5]고 보았다는 점에서 그는 상대적 자연법론자라고 할 수 있다.

이 점은 그의 문학작품에서도 유감없이 표현되고 있다. 선생은 그의 소설 「교육가족」에서 그저 사회에 순응한 평범한 수학 교수로 등장하여 일제의 교육을 받고, 깊은 철학적 사고도 없이 국가시책에 합류하려는 데에 만족하면서도 한편으로는 교육의 근본을 파악하고 이를 초등학교에서 철저히 실천해 보려는 며느리인 숙희로 변신하여 그 뜻을 펼쳐 보려고 노력하기도 하고, 때로는 일찍부터 문학에 뜻을 두었던 선생 자신처럼 소설 속의 장남 '정근'이가 되어 신성해야 할 학교가 왜곡되고 비교육적인 더러운 곳임을 자각하고 위대한 작가가 되겠다는 평소의 결심을 품고 학교를 떠난다. 하지만 정근이는 실업자가 되어 빈둥거리면서 심지어 퇴행적인 생활에까지 빠지게 되고, 급기야 이에 염증을 느끼고 복직을 다시 하여 그 더러운 학교를 개선하는 노력 속에서 훌륭한 작품을 만들 수 있음을 늦게나마 깨닫게 된 자기를 발견하게 된다. 숙희와 정근이의 교육관은 어쩌면 선생 자신의 철학이자 세계관이기도 하다. 왜냐하면 진실과 정의가 무엇인가를 알고 있지만 현실에 순응할 수밖에 없는 자신을 그것에 내맡기었다가 어느 날 그것이 아님을 객관적인 상황에서 파악하자, 그때에서야 비로

5) 이른바 풍토설이다. 이 학설은 이항녕 선생의 창작품이지 않고, 프랑스 몽테스키외가 「법의 정신: Del'espritdeslois」(1748)에서 주장했던 수입 학설에 불과하다.

소 그것에서 일했음은 더러운 것이며, 비난받아야 한다고 소리치다가, 또 어떤 사정이 생기면 그곳이 더럽지만 내가 들어가서 개선하도록 노력해 보자고 다짐하면서 참여하였던 자신의 생활철학을 그대로 재현하고 있기 때문이다. 이런 점에서 교육소설에 등장한 분의 세계관적 일면은 바로 이항녕 선생의 풍토설에 대한 배경이기에 여기에 적어 보면, 다음과 같다.

“새교육은 어디까지나 아동의 개성과 환경 내지 지역사회의 특수성을 고려하자는 것인데, 이와 같은 고려가 없이 덮어놓고 일률적으로 지시한다는 것은 그야말로 일제의 잔재지요. 학교는 … 지역사회의 특수성과 개인의 개성을 무시하는 것은 절대로 새교육이 아니”라고 주장하였다.

선생의 법철학에서 풍토설의 주장은 따라서 그저 외국 학자, 특히 몽테스키외 견해의 차용에 불과하지만, 상상의 날개로 주장한 것만은 아니다. 선생은 일찍이 부산 범어사 부근에 있는 청룡초등학교 교장을 오랫동안 하였다. 중학교 교장도 역시 역임하였다고 한다. 1950년대 이후에는 동아대학을 시작으로 고려대학에서 법철학 강의를 담당하였다. 『법철학개론』과 『법철학적 인간학』 등 단행본과 법철학적 논문들을 저술하였으며, 정부의 고위직과 대학 총장도 역임하였다. 이 때문에 교육의 현장에 대해 누구보다 잘 이해할 수 있는 선생이었기에, 무엇이 바람직한 학생 교육인지를 적지 않은 세월 동안 고민하였음을 엿볼 수 있다. 이것은 그의 다음과 같은 『교육가족』이라는 소설 속의 언명에서도 볼 수 있다.

"우리는 남을 이해하는데 있어서 그 사람의 처지에 실지로 놓여 있지 아니하면 진실로 이해할 수 없을 것이다."

다만 선생님의 문학 속에서도 반복적으로 느낄 수 있는 것은 선생님은 현실에 매우 충실하였다는 점이다. 그런데 그 현실에 대한 지나친 충성심은 불행하게도 나중에 불의에 굴복하였다는 평가를 자기 스스로 반복적으로 내리고 또한 그것을 반복적으로 자각하고 있었다.

문학뿐만 아니다. 현실에서도 그는 그렇게 살았다. 예컨대 권위주의가 활개 치던 박정희 정권뿐만 아니라 전두환 정권에 대해서도 비판적인 견해를 취하기는커녕 오히려 권위주의 정권 유지에 기여했고, 일제강점기엔 하동군수로 재임하면서 일본에 바치기 위해 3,000석을 공출했다. 그리고 후일 "한 톨의 곡식이라도 더 공출받으려고 죽창으로 주민들을 위협까지 했던 저를 너그럽게 맞아주신 하동군민들에게 진심으로 사죄를 드립니다."라며 눈물을 글썽였다.[6)]

아마 그의 이런 반복적 자각에 대한 사상적 배경은 삶의 궁극적 과제를 더 나은 사회건설에서 찾고, 더 나은 사회건설을 위해서는 인간에 관한 올바른 해명에 있다고 보았다. 그리

6) 심청이 공양미 10인분을 준비한 친일파 – 오마이뉴스 (ohmynews.com)

고 이를 위해서 우리는 자신이 누구이고, 어디에 있으며, 어디를 가야 할 것인가를 생활 현실의 직분에서 찾을 수 있다고 보았다. 이 때문에 선생 자신에 대한 반복적 자각을 통하여 현존재하고 있는 부당한 현실에서 있어야 할 모범적 미래 상황을 만들어야 한다는 것이 선생의 문학작품에서 나타난 법철학이 아닌가 싶다. 다만 그는 언어나 문장으로 나타난 표현된 사상과 전혀 다르게 권위주의적 권력자에게도 너무 쉽게 협력하는 행동을 반복적으로 보여줬다. 그러므로 문학 속에서 나타난 그의 이상은 그의 구체적 행동을 통해서 쓸데없는 짓거리로 폄하(貶下)시킨 셈이다.

40

문형섭 변호사님의 편지

대한변협신문 2004년 11월 29일

2024년 5월 10일 보완

예나 지금이나 우리나라 법조인들의 경우, 잘 논증된 판례평석이나 탁월한 논문을 쓰는 일이 그리 흔하지 않다. 아니 대부분 법조인은 논문 쓰는 일조차 매우 등한시하는 경향이 있다. 그럼에도 일부 법조인은 학자들 이상의 훌륭한 논문을 쓰고 있는 것을 적지 않게 볼 수 있다. 예컨대 우리 형법의 아버지였던 효당 엄상섭 선생의 주옥같은 논문인 "확신범에 대한 대책"이나 "우리 형법전에 나타난 공범이론"등 다수의 논문을 읽어보면서 형사법 교수라는 저 자신이 부끄러워졌다.[7)]

이런 마음을 심중에 담고 있던 와중에 지난 8월 11일 평소 존경해 마지않은 광주지방변호사회 소속의 문형섭 변호사로부터 한 통의 편지를 받았다. 문 변호사는 "부동산 이중매매에 대한 배임죄 적용의 부당성"을 매우 설득력 있게 논증하였으며, '횡령죄와 배임죄와의 올바른 관계 설정'을 비롯하여 '위탁금전에 대한 형법상 소유권 개념의 인정 필요성'과 '준강도죄에 관한 판례의 어설픈 법적용의 현실'이라는 논문을 자신이 체험했던 풍부한 법조 실무경험과 해박한 법이론으로 발표한 바 있다.

이런 탁월한 형법학자인 그이였기에 그가 보낸 편지는 필자에게 큰 무게감을 느끼게 했다. 부끄러움을 무릅쓰고 이 편지를 공개하는 이유는 형사사법 정의의 실현을 위해서 그가 지적한 바를 우리 모두 함께 깊이 인식하고 문제점을 철저히 극복해야 할 필요성을 절감하였기 때문이다.

"소생은 법조 현실에 깊은 우려와 불만을 품고 있으며, 그것을 시정하는 데에 기여하고 싶다는 뜨거운 열정을 품어왔습니다. 만일 법학이 강단에서의 현학적 유희에 그침으로써 그것을 배운 실무법조인들은 실질적 정의에 배치되는 판단을 한다면 법학은 과연 무슨 의미가 있겠습니까. 예컨대 유추해석이 무엇인지의 문제만 하더라도 그렇습니다. 학자들의 논의는

7) 그는 전남대학교 법학전문대학원 교수로 재임하는 동안 「재산범죄론의 이해」를, 퇴임 후에는 「형사판례의 이론과 쟁점」이라는 단행본을 류전철 교수와 함께 저술하였다.

현란하지만, 왜 대법원 자체의 견해마저도 (제대로) 정립되지 못하고 있을까요. 신체에 문신하는 것을 병역법상의 신체 손상이라고 하는 대법원의 해석은 유추해석이라는 데에 의문이 없는가. 과거 어떠한 상처를 치료한 사실이 있다는 의사의 '사실확인서'가 '허위진단서작성죄의 진단서'에 해당한다는 해석에는 의문이 없는가. 구체적인 구성요건의 해석에서도 마찬가지입니다. '폭력행위 등 처벌에 관한 법률'은 위헌이라고 함이 타당할 터인데 왜 '위험한 물건'의 범위는 축소해석되지 않는가. 감사가 구성원들을 대표하여 이사진의 퇴진을 요구하며 대표이사 직무집행정지가처분을 신청하자 일부 이사가 찾아와 그 이유를 따지므로 대표이사의 비리를 설명한 행위가 과연 '공연성'이 있거나 '위법성'이 있는가. 법리에 위배되는 하급심의 많은 '타협판결'이 사법시험의 출제에 있어 예비 법조인으로 하여금 교과서 이론을 외우게 하거나 판례에 집착하게 함으로써 결국 배출된 법조인들이 사물의 이치에 따라 판단해야 한다는 사실을 몰각하게 된 결과라고 한다면, 초보 법조인에게는 그간의 교재와는 달리 사고의 지평을 넓혀줄 수 있는 교재, 적어도 글 묶음이 필요한 것이 아니겠는가."

줄줄이 지당한 말씀이라고 생각된다. 그의 이러한 지적과 소망이 형사법을 전공하는 우리 학자들이 극복해야 할 몫이자, 법조인들도 역시 공동으로 실현해야 할 책무라고 생각된다. 이런 점에서 형식적인 법이론이나 타협 판례를 외워서 판단하는 일에 만족하며 안주하는 퇴행적 법조인의 탄생을 막기 위해, 법학자와 기성 법조인은 사물의 이치나 사물의 본성에 따라 판단할 수 있는 참된 법조인 양성에 헌신해야 한다.

그런데 형사사건에서 좋은 판례의 탄생은 무엇보다 피고인의 변론을 위해 고군분투하는 변호인의 훌륭한 변론에서 출발한다고 해도 과언이 아니다. 좋은 변론은 공소를 유지하려는 검찰의 분발을 촉진시키고, 변호인의 법리적 공방에 대해 치밀한 반대 논리 개발에 기여하며, 법관은 이들의 공방을 통해서보다 훌륭한 판결문을 작성할 수 있게 됨은 너무나도 당연하다.

법학자 또한 쉼 없이 법률실무에 도움 될 수 있도록 판례에 대한 정확한 비판과 학자적 양심을 담는 논문작성에 게을리하지 말아야 한다. 이러한 공동의 노력으로 사법 피해를 불식시키고, 소송당사자 모두를 수긍케 할 수 있는 정의로운 판례 형성을 확보할 수 있다. 특히 예비 법조인의 양성에 일차적 책임을 지고 있는 법학 교수는 이들에게 사물의 이치에 걸맞은 문제해결 방안을 제시하기 위하여 부단히 교재발굴과 강의방식의 개발에 더욱 매진하여 한 차원 높은 사법 정의 실현을 위한 디딤돌로서의 소임을 다해야 할 것이다.

그의 배임죄에 관한 깊은 고찰, 특히 배임죄의 주체는 타인을 배신하는 데 있질 않고, 타인의 사무를 처리해야 하는 임무의 위배에 있음을 분명히 하였다. 그러므로 배임죄의 주체는 타인을 위한 타인의 사무를 처리하는 자로 국한해야 하며, 타인을 위한 자기의 사무를 부당하게 처리하는 자는 배임죄의 주체가 될 수 없음을 논리적으로 명백히 논증하였다. 그 이후 적지 않은 분들이 그의 입장을 추종하였고, 대법원 전원합의체판결에도 깊은 영향을 끼치었다.

41

김신 전 대법관에 관한 상념

2023년 11월

필자는 '대법원 형사실무연구회' 부회장을 2009년부터 2017년 2월까지 맡았다. 김신 대법관이 2013년부터 대법원 형사실무연구회 회장을 맡으면서 그와 인연을 맺게 되었다. 그는 격월마다 개최되는 형사실무연구회의 학술행사에 빠짐없이 참여하였으나 질의는 하지 않고 경청하기만 하였다. 항상 미소를 짓는 모습이 인상적이었다.

이 연구회에 거의 빠짐없이 참가했던 필자는 그가 회장이 된 지 얼마 지나지 않아 대법원에서 심리 중인 배임죄 관련 사안에 대해 원심법원의 판례평석을 발표하게 되었다. 발표의 핵심 내용은 다음과 같다.

"배임죄의 본질은 임무를 맡은 자가 그것을 맡긴 타인에 대한 배신행위에 있지 않고 자기에게 주어진 임무의 위배에 있으며, 행위주체는 어디까지나 타인의 사무를 처리하는 자에 국한되어야지, 타인을 위한 자기 사무처리자를 배임죄의 행위 주체로 포함시킬 수 없다."

학술행사 당일 그의 대법원 집무실을 방문하여 배임죄에 관해 대화를 나눌 기회가 있었다. 대화 말미 그가 "형사사건에 관한 대법원 판례 중 전원합의체로 변경되어야 한다고 생각하는 판례들이 있다면, 어떤 것들이 있는지요."라고 질문했다. 대법관이라고 할지라도 현대 형법이론과 해석학의 전반에 걸쳐 모든 점을 제대로 파악할 수 없음에도 그때까지 경험한 바로는 어떤 법관도 그런 내용의 질문을 하지 않았다. 그런데도 그는 잘못 형성된 판례가 존재할 수 있음을 인정한 셈이다. 그의 이러한 겸손한 태도는 다른 법관, 특히 대법관들과 사뭇 달랐다. 그는 대법관일지라도 법률해석을 정의롭고 완벽하게 관철할 수 없다는 진리를 터득하고, 잘못된 법률해석을 극소화하기 위해 법이론가에게 묻고 답하려고 노력하였기 때문이다. 그의 이러한 태도를 보면서 그가 어떤 법관이고, 법사상은 어떠한지 그리고 법해석의 기준은 무엇인지 궁금해졌다. 그리하여 그가 관여한 대법원판결 가운데 형사사건에 관한 것을 집중적으로 살펴보게 되었다.

그는 2012년부터 2018년까지 6년간 대법관으로 재임하면서 2,008개의 대법원판결에 관여하였다.[8] 그중 대법원 전원합의체에 관여한 것은 36개의 판결과 1개의 결정 등 37개에 이른다. 대법원 전원합의체 판결이나 결정에서 그는 소수의견 25개와 별개의견 6개를 개진하였다. 다수의견을 따른 경우라도 1개를 제외한 모든 사건에서 보충의견을 제시하였다. 즉 '국가정보원 사이버팀의 인터넷 댓글 게시 사건'(대법원 2018. 4. 19. 선고 2017도14322 전원합의체 판결)에서만 독자적 의견이 없었다.

보수성이 강한 우리 대법원에서, 소수의견과 별개의견이 이렇게 많았다는 것은 그의 법치국가원칙에 관한 신념, 특히 헌법 제103조에 관한 실천적 신념이 얼마나 굳건한지를 보여주는 징표이다. 헌법 제103조는 재판에 관한 법관의 독립성을 규정하고 있다. 이 규정의 취지는 "모든 법관은 오로지 '헌법과 법률에 의하여 양심에 따라' 재판해야지, 판례나 기존 법리를 무조건 추종해서는 아니 된다."는 점에 있다. 오직 헌법과 법률에 충실한 판결이야말로 법관의 진정한 책무이며, 기본적 덕목이다. 헌법 제103조에 대해 이와 같은 이해에 터를 잡았기에, 그는 기존의 판례나 법리를 당연시하지 않았다. 그 대신 실체적 진실이 무엇이며 이에 적용될 해당 실정법의 올바른 내용과 의미가 무엇인지를 밝히고, 이를 구체적 사안에 적용

8) 이에 관해서는 https://glaw.scourt.go.kr/wsjo/panre/sjo050.do#1585047766490 참조.

하여 도출된 결론을 소수의견이나 별개의견으로 개진하는 데 주저하지 않았다.

1995년 1월에 창립된 '대법원 형사실무연구회'의 초창기 회원으로 참석했던 필자는 당시 연구회 초대 회장이었던 신성택 대법관 입장 시 참석자 전원이 기립하고, 그가 앉아야 비로소 착석하는 모습을 보면서 대법원의 분위기가 지나치게 권위주의적이라고 느꼈다. 그러한 보수적 환경에서 대법관이라고 하더라도 자신의 신념을 대법원판결 과정에서 흔들림 없이 올곧게 지켜내기란 쉽지 않은 일일 터이다.

그와 같은 권위주의적 분위기 속에서도 그는 관여한 재판에서 치열한 고민과 연구를 통하여 우리 헌법과 실정법에 근거한 정의로운 재판을 구현하려고 노력하였다. 예컨대 사법영역(私法領域)에서 전체주의적 발상에 가까운 국민에 대한 국가의 후견적 지위나 국가만능주의보다 개인의 자기결정권 보장을 위한 사적 자치의 기본원칙을 중시하였다. 공법 분야에서도 국가권력 혹은 공권력을 우월시하는 특별권력관계를 극복하고 공권력 행사의 법률상 제한을 철저히 준수하고자 하였다. 특히 형사법 분야에서는 법치국가원칙과 이에 터 잡은 죄형법정주의에 입각한 해석원칙을 고집하였고, 무죄추정 및 적법절차의 원칙에 철저하였다.

죄형법정주의 원칙에 철저한 그의 사상은 결과적으로 법치국가원칙의 근간이 되는 권력분립 원칙을 준수하고, 그럼으로써 국가권력 행사의 오남용 억제를 담보하려고 하였다. 이런 이유로 법원의 사법적극주의를 극도로 혐오하였다. 그는 이처럼 죄형법정주의에 기초한 법률 문언의 엄격한 해석을 통하여 법원의 역할과 임무를 명확히 정립하고자 하였으며, 이와 함께 공권력 행사의 오남용을 막을 수 있는 권력분립의 실제화를 확장하는 데 기여하였다.

이러한 그의 법사상은 다음과 같은 논리에서 기인한 것으로 보인다. 국민의 기본권 보장을 충실히 담보하기 위해서는 권력 집중에서 나타나는 권력남용의 위험성이 제도적으로 방지되어야 하고, 이를 위해 국가권력도 권력주체 사이의 '견제와 균형의 원리'에 따라 행사될 것을 전제해야 한다. 권력 집중에 의한 절대권력은 반드시 부패한다는 것이 역사의 법칙이기 때문이다. 따라서 법관은 입법기관의 권한에 속하는 '법제정'이나 '법창조'의 영역에 쉽게 입장할 수 없고, 법관의 재판은 오직 입법기관이 제·개정한 법률에 근거하여야 한다는 법실증주의적 입장에서 그는 물러서지 않았다.

그와의 대담에서도 이와 같은 입장을 쉽게 확인할 수 있다. "설령 시대적 소명을 회피한다고 비난받을 소지가 있을지라도, 법관이 국회에서 제정된 법률의 문언을 뛰어넘는 해석을 할 권한은 부여받지 않았다고 생각한다. 이를 부정하는 것은 법원 또는 법관에게 사실상 입법할 권한이 있음을 의미한다. 삼권분립을 원칙으로 하는 우리나라에서 받아들이기 어렵다. 법관은 국회에서 만든 법률이 보수적이면 보수적으로, 진보적이면 진보적으로 해석하는 것이 타당하다고 생각한다. 그것이 헌법과 법률에 따라 재판하라는 헌법의 명령을 따르는 태도이다."

권력분립에 의한 '견제와 균형의 원리' 관점에서 볼 때 그의 이런 생각은 합리적으로 보인다. 왜냐하면 국가권력의 핵심 주체 사이에서 권력분립을 통한 상호견제가 제대로 작동하기 위해서는 저마다의 고유한 권한을 넘어설 수 없도록 해야 하며, 법관이 입법자의 영역에까지 침입은 자유와 평등 그리고 정의실현을 위한 보장제도인 권력분립의 견제 장치를 무용지물로 만들 수 있기 때문이다.

그렇다고 해서 그가 생각하는 죄형법정주의가 지극히 형식적인 수준이나 방식에 그치는 것은 아니다. 오히려 그는 형법의 책임주의 실현과 관련한 형사법 조문 해석에서, 일련의 행위 실행과정을 합리적으로 분석하고, 법문의 의미가 그 행위 실행과정과 조화를 이루도록 노력한다. 예컨대 내란죄에서 '선동'을 '예비'나 '음모'와 동일한 법정형으로 처벌하는 현행 형법의 해석에 있어서 '선동'의 의미를 엄격하게 해석하려는 그의 입론을 보면 이러한 점이 잘 나타난다.

이러한 사상에 입각한 그는 법의 기본원칙과 법률 문언에 엄격한 법해석과 그 적용을 통하여, 합리적 논증으로 자신의 의견을 설득력 있게 피력하였다. 그 결과 기존의 판례가 변경하거나 새로운 법리를 도출한 판례의 탄생을 주도하기도 하였다. 물론 소수의견에 그친 경우도 적지 않다. 소수의견에 그친 경우라도 다수의견에 수용되어 판결문에 명시됨으로써 그의 소수의견에 부합하는 실무상 결론이 도출된 사례도 있다. 그의 탁월한 식견을 보여주는 예라고 할 수 있다.

결론적으로 그는 교과서적인 원칙주의자이자 헌법적 가치 실현과 실정법을 중시하는 인물이다. 단순히 형식적 법실증주의자가 아니라 비판적 법실증주의자였다. 오랫동안 재판을 맡아온 실무자로서 죄형법정주의를 철저히 실현하고자 했던 그는 삼권분립에 부합하는 '권력 상호 간의 견제와 균형의 원리'에 충실하면서, 권력 집중이 야기하는 폐해를 막고 실정법적 정의 실현에 한 발짝 다가서려는 철학을 갖고 있었다. 즉 법률의 해석과 적용에 있어서 법원의 역할과 그 한계에 관해 누구보다 깊이 인식하고 있었다. 그래서 그의 법사상과 형법해석에 관한 글을 쓰기로 마음먹었다. 그렇게 해서 발간된 책이 『정의의 굴렁쇠』[9]이다. 이 책은 김신 전 대법관의 법사상과 형법해석에 관한 내용을 담고 있다.

그는 대법관을 퇴임하고 나서도 학구적 열기를 꾸준히 발산하였다. 그 결과물로써 "부동산 이중매매와 제1매수인의 보호", "채무부담행위와 배임죄의 손해", "배임죄에서 재산상 이익의 취득", "부동산이 횡령죄의 행위객체에 포함되는가?", "사

9) 허일태, 「정의의 굴렁쇠 -김신 전 대법관의 법사상과 형법해석-」, 단장, 2020년 12월.

기죄에서 처분행위와 처분의사의 위치", "현주건조물방화죄의 보호법익과 기수시기"와 "배임죄에 대한 몇 가지 오해" 등 주옥같은 논문을 엮어서 『배임죄에 대한 몇 가지 오해』라는 단행본을 출간하였다.

또한 일반 국민은 배임죄에 관하여 이론의 복잡성과 모호성으로 그 죄의 성립 여부를 알기 어려워한다. 이점에 주목하여 배임죄에 관한 판례 중에서 100개의 주요 판례를 선별하여 합리적인 국민이라면 배임죄의 쟁점을 알기 쉽게 파악할 수 있도록 해설한 『배임죄 판례 백선』을 출간하였다. 이런 작업의 배경에는 배임죄가 사적 자치를 원칙으로 삼고 있는 우리네의 실생활에 부담으로써 역작용할 수 있고, 이를 다소라도 극복하기 위해 배임죄의 적용은 엄격해야 한다는 그의 지론에 터 잡은 것이다. 아울러 청년 변호사들과 10개월 동안 대법원 전원합의체 판결을 함께 읽고 묻고 답했던 내용을 담은 『청년이 묻고 대법관 김신이 답하다』가 단행본으로 출판되었다.

그는 "자세히 보아야 예쁘다. 오래 보아야 사랑스럽다. 너도 그렇다."라고 노래한 어느 시인[10)]의 말씀을 즐겨 인용한다.

10) 시인 나태주는 1945년 3월 17일 충남 서천 출생. 공주사범대(현 공주교육대학교)를 졸업하였고 충남대 교육대학원을 졸업하였다. 「새여울」, 「서세루」 동인으로 활동하였고 오랫동안 초등학교 교사로 재직했다. 1971년 「서울신문」 신춘문예에 「대숲 아래서」가 당선되면서 본격적인 문단활동을 했다. 그는 명시(名詩)가 '시인의 영혼이 스며들어 있는 시'이고, 자기의 생각과 감정을 언어와 합치하여 이들에 영혼을 불어넣는 것이 참된 시인의 작업이라 했다. 그는 이러한 시관에 입각하여 전통적 서정성을 바탕으로 자연의 아름다움, 신비로움, 미묘함, 삶의 정경, 인정과 사랑의 연연함 등을 노래하였다.

김신 전 대법관의 법사상과 판결문 또한 이 시구(詩句)에 제대로 어울린다는 느낌은 필자 혼자만의 생각일까?

42

다재다능한 김진환 변호사

2024년 6월 24일

Ⅰ. 부산지검 제2차장 검사였던 김진환과 만남

1996년 7월 어느 날이었다. 헌법전공인 김효전 교수가 김진환 부산지검 제2차장을 아느냐고 물었다. 잘 모른다고 했더니, 그와 연락을 한번 해보면 좋은 일이 있을 거라고 말하면서 연락처를 주었다. 곧바로 연락했고, 며칠 후 만났다.

그의 첫인상은 생각보다 젊었음에도 품격의 아우라가 넘쳤으며, 예사롭지 않은 지성미를 보였다. 그날 이후 알게 되었던 것으로 그는 1948년생이고, 서울대학교 법과대학 졸업 후 검사로 임용되어 출세 가도를 달리고 있었다. 또한 정부(총무

처)의 국비 장학생으로 선발되어 1980년대 초 독일 막스 플랑크 형법연구소 및 프라이부르크 대학 박사 과정에서 형사법에 관해 연구했었다고 한다. 특히 귄터 카이저(Günther Kaiser) 교수로부터 지도받았다는데, 카이저 교수라면 독일에서도 알아주는 형사정책 분야의 대가였다.

만나자고 했던 그의 관심사는 동아대학교 법대생들을 대상으로 형사소송법을 강의할 수 있는 지의 여부였다. 학부생을 대상으로 하는 대학에서 강의하고 싶어 했다. 형법과 형사소송법에 관한 강의는 김상호 교수와 필자 둘이서 매년 교대로 진행하고 있었지만, 그럼에도 그에게 학부생뿐만 아니라 대학원생들에도 형사소송법 강의가 가능하다고 답했다.

1996년 가을학기부터 그는 학부생에 형사소송법을 그리고 대학원생들을 대상으로 형사소송법 기초이론을 강의했다. 실무가인 그의 강의는 인기가 높아서 다수의 학부생뿐만 아니라, 곽도술을 비롯한 대학원생 다수가 그의 수강생이 되었다. 이들 중 일부는 그때 수업받았다는 이유로 아직도 연락을 주고받는다고 한다. 그의 실력과 인격을 엿볼 수 있는 대목이다.

한편 1996년 11월 1일은 동아대학교 개교 50주년이 되는데, 이를 기념하기 위해 형법에 관한 국제적인 학술대회를 개최할 예정이었다. 이미 대주제로 '독재정권 시절 법조인들의 사법왜곡과 그 해결방안'을 마음속으로 정해놓았다. 그와 만났던 1996년 9월 어느 날 국제학술행사에 관련하여 이야기를 나

눴다. 대주제의 '잠정적인' 명칭을 듣더니, 이런 식의 주제 명칭보다 표현이 다소 완곡하게 할 필요가 있어 보인다면서 "형법을 통한 권위주의적 권력행사의 극복과 법치주의의 확보"로 하면 어떠냐고 되물었다. 그의 의견을 받아들였다. 왜냐하면 사실상 같은 내용이면서도, 자극적인 용어를 굳이 사용하지 않아도 동일한 효과를 내는 것으로 충분했기 때문이다. 그때 생각했다. 그는 예사롭지 않은 사람이라고.

그런데 더욱 놀란 점은 주로 서울에서 개최되었던 '한국형사판례연구회'의 행사가 오랜만에 부산에서 개최되었고, 행사 후 각 분야 대표가 노래를 부르게 되었는바, 검찰 측의 대표로 불렀던 그의 노래 실력이었다. 그는, 아마추어 음악가로부터는 경험해 보기 힘든, 엄청난 성악 실력을 발휘했다. 필자의 친구 중에 Würzburg 시립극장에서 테너로 활동했던 조영수 교수를 비롯하여 적지 않은 분들의 성악가가 있었고, 그들의 탁월한 성악 실력을 수차 경험한 바 있었다. 이런 경험을 가졌던 필자에겐 그의 음악에 관한 식견과 성악 실력은 단순히 아마추어 수준을 훨씬 뛰어넘었다. 프로 성악가에 얼추 비슷한 실력을 유감없이 발휘하는 모습에 놀람을 넘어 감탄하였다.

또 한 번의 다른 놀라운 얘길 들었다. 1973−74년경 그가 사법연수생 시절에 저술했던 신체계해설 『형사소송법』, 『형법』 문제집이 사법고시 준비생들의 필독서로 불티나게 나갔던 옛 시절을 지나간 일처럼 회상했다.

II. '영남형사판례연구회'의 창립과 김진환 차장검사

1980년대 당시 우리나라 법학, 특히 형법학에 관한 풍토는 지극히 이론 중심이었고, 학술행사에 실무가의 참여도 없었으며, 실무가의 형법이론이나 형사법에 관한 논문도 좀처럼 찾아보기 어려웠다. 심지어 판례를 접해보는 것조차도 쉽지 않았다. 이런 풍토를 개선하고자 검찰과 법관 그리고 형사법 교수들이 합세하여 주기적인 연구회를 개최하고 싶었다.

그런 생각을 품고만 있던 상황에서 이재상 교수 주도로 1992년 초 실무가들과 형법 교수들과 함께 한 '한국형사판례연구회'가 창립되었다. 연구회의 창립 당일인 동년 2월 22일 '반도유스호스텔'에서 심희기 교수와 석동현 검사가 차례로 대법원 판례를 평석하는 주제발표를 하였다. 법조와 학계의 끈을 연결해주는 첫 학술행사는 필자에게 예전부터 꿈꾸던 학술행사 본연의 모습으로 다가왔다.

그래서 김진환 차장검사가 동아대학교 대학원생 수업을 이유로 자주 만나게 되면서 그에게 영남지역에도 서울과 유사한 '판례연구회'를 결성하여 매월 개최하자는 견해를 밝혔더니, 전적인 동감을 표하면서 함께 추진하자고 하였다. 이왕이면 지금 곧 시작하자는데 뜻을 갖고서 당시 부산지방법원 수석판사로 재임하고 있었던 변동걸 부장판사와 함께 1997년 1월부터 연구회를 개최할 수 있도록 추진하기로 약속했다.

그런데 동아대학교 개교기념행사로 열린 국제학술회의에

서 필자가 발표한 내용이 '법관의 법왜곡과 그 대책'이었고, 그 내용은 "법왜곡을 고의로 자행한 법관을 처벌해야 한다"였다. 발제문의 내용이 법원에 알려지면서 법원 측에서 대책회의를 개최하고, 그 결론은 변동걸 부장판사를 통해 저희가 추진한 '판례연구회의'에 참가할 수 없다는 통보였다.

김진환 차장검사는 자신의 후임으로 새롭게 부임한 정진규 제2차장 검사에게 '영남형사판례연구회'의 창립의 도움과 적극적 참여를 신신당부하고 서울로 떠났다. 그가 부산을 떠난 2년 후인 1999년 3월 '영남형사판례연구회'가 결성되었다. 그의 부탁으로 검찰 쪽에서는 정진규 차장검사 그리고 법원 쪽에서는 손기식 부산고등법원 부장판사가 '영남형사판례연구회'의 결성에 주도적 역할을 하였다. 이들은 거의 빠짐없이 판례연구회에도 참가했다. 정진규 차장검사가 연구회에 참가할 때마다 다수의 검사, 특히 공판부 검사가 비교적 많이 참여했다. 검찰의 지속적 연구회 참가는 점차 관행처럼 당연시되었다.

그렇게 형성되어 활동이 지속된 '영남형사판례연구회'는 2024년 3월로 25주년이 되었고, 총 260회의 학술행사와 520편의 판례평석을 유산으로 남겼다. 이들 발제문 중 검찰은 대략 20%에 가까운 논문이나 판례평석을 차지했다. 실무상 엄청 바쁜 과업 중에서도 실무상 체험했던 자료를 근거로 발표한 글들은 형법 이론가에게 신선한 충격을 주었다. 이렇듯 '영남형사판례연구회' 결성과 지속을 물심양면으로 도왔던 그는 검사장으로 승진하여 그 뒤 서울에서 '한국형사판례연구회'의 회장이 되었고, 양 연구회의 가교역할을 충실히 수행해 주었다. 지금 생각해 봐도 그의 '영남형사판례연구회의' 창립과 지속적 발달을 위한 지대한 역할과 물심양면의 도움은 여러모로 고맙기 그지없다.

Ⅲ. 그의 법사상

그와의 첫 만남 이후, 인연이 지속되어 벌써 28년이 되어 간다. 그 사이 그는 법무부 검찰국장, 서울중앙지검장에 이어, 법무법인 충정 대표변호사, 대한공증인협회장 겸 아시아회장을 맡았고, 한국비교형사법학회 회장, 한국포렌식학회 초대 회장, 한국형사소송법학회 회장과 한국형사정책연구원장 등을 두루 역임하였다. 법학이나 법조 쪽뿐만 아니라, 역사연구 모임인 '자운회'의 멤버로서 아직도 지속적인 활동을 하고 있고, '시와 시학' 운영위원장, '바그너 협회'의 이사 등을 맡아 인문학적 분야에서도 활동을 멈추지 않고 있다.

이런 점에서 그는 단순히 법조에 몰두하고 이에 국한된 사상을 넘어서 우리나라의 장래를 위해 무엇을 어떻게 해야 할 것인지에 관한 깊은 고뇌와 함께 나름의 대안을 제시하는 대인배이다.

그의 사상을 꿰뚫어 볼 수 있는 핵심적 자료는 적지 않다. 특히 그의 삶과 행동 그리고 자신의 이상의 궤적을 그린 자서

전적 내용이 담긴 『역사에 묻고 미래에 답하다』에서 그의 사상이 구구절절하게 묻어나온다. 이뿐만 아니다. 지난 28년 동안 그를 옆에서 지켜보면서 알게 된 부분 역시 그가 어떤 사상을 가지고 실천하고 있는지를 일부나마 엿볼 수 있었다. 그의 법사상에 국한하여 한마디로 표현하자면 "과학적 진리의 기반 위에 실체적 진실을 탐구하고, 정의롭게 행동해라"로 요약될 수 있다.

그는 법률과 법학에만 매달린 사상가를 넘어서 우리나라 전체를 조망하고, 과거와 현재 그리고 미래의 건강한 대한민국의 형성을 위해 무엇을 어떻게 할 것인지에 관한 깊은 고민의 흔적을 찾아볼 수 있다. 그리고 해결방안을 다음과 같은 관점에서 찾아보고 이를 제시했다.

사람의 눈은 2개이니 사물이나 사건도 하나의 차원에서 편파적으로 보지 말고, 서로 다른 차원에서 상호 교차하여 이해해야 실체적 진실을 찾을 수 있다는 사고방식을 취했다. 그래서일까? 그는 극단적 사고를 멀리하고, 사회적으로 통용되고, 허용되는 근본원리가 있음을 인정한다. 즉 사물의 본성이나 정의가 존재한다는 자연법을 긍정한다.

그는 자연법상으로 인간은 존엄하고 그 고유의 본질적 가치를 갖고 있다고 믿기에, 국가는 이런 인간의 존엄을 보장하기 위한 책무를 진다는 견해를 취한다. 그래서 사회적 약자와 장애인에 대한 깊은 관심을 가졌고, 박사학위 논문 『정신장애범죄자의 책임과 처우에 관한 연구』와 법률잡지에 기고한 법률 논평에서도 이런 사회적 약자에 관해 배려나 상생의 방식으로 접근해야 한다는 견해를 시종일관 취했다.

우리 사회에 나타난 좌우익의 분열, 빈부격차나 지역 간의 갈등을 극복하고, 대한민국 국민이라면 누구나 인간적인 삶을 누릴 수 있는 건강한 공동체의 형성을 위해서는 무엇보다 기본에 충실해야 한다고 직시했다. 그래서 제도적으로 자유민주주의와 법치국가원칙의 창달에 힘쓰고, 이를 뒷받침하는 토론문화와 타협의 기술, 신뢰와 양보의 미덕에 관한 의식교육과 제도 정비 그리고 국민의 정신적 재무장의 시급함을 제시한다.

율곡은 많은 것을 고루 갖춘 르네상스적 인간이며, 오늘날 공무원이 본받아야 할 전범이라고 믿는 그는 그런 율곡을 자신의 Role Model로 여기고 실천하려 했다. 필자가 보기에도 그는 율곡에 버금갈 정도로 상당 부분 닮았다. 그 이유는 다음과 같다. ① 그는 법학에만 기울지 않고, 문학, 철학, 역사와 음악 등 광범위한 분야에 깊은 관심을 품고서 관심 분야에서 거의 고수의 경지에 이르렀다. 예컨대, 대학시절 이미 대학신문 신춘문예에 시가 당선되었고, 법철학회 동아리 회장으로 독일 G. 라드부르흐(Radbruch) 저서에 흠뻑 빠져들었다고 한다. 음악 등 예술에 조예가 깊어 그의 수준 높은 노래를 들어 본다면 깜짝 놀라기 마련이다. 중국 형법연구회장 짜오뼁즈(趙秉志)를 비롯하여 대법관이자 사범대학 형법 교수인 루지안핑(盧建平)과 함께한 자리에서 그 분위기를 압도한 그의 노래 실력은 자존심 강한 이들 중국의 대표적 형법학자에게조차 깊은 감동을 주었다. ② 그는 시대정신을 파악하고 변혁을 주장했으며, 나름의 경세가였다. 예컨대 그는 우리 역사에서 만난 선현들의 발자취를 통해 우리가 가야 할 이정표를 그렸고, 분단된 조국의 현실을 진단하고 통일 한국으로 가는 길을 처방하였으며, 갈등 공화국이라는 오명이 붙은 우리 사회를 진단하고, 사회융화의 방안을 모색했으며, 신뢰와 원칙, 준법을 통해 선진국의 도약이라는 지름길을 제시했고, 이것들을 위한 지속적 행동 또한 뒤따랐다.

Ⅳ. 맺으면서

필자는 수학과 암기에 약간의 재능을 가졌다. 그래서인지 누가 뛰어난 실력자라고 해도 그에 대해 별다른 감흥이 없었고, 필자의 가슴에도 시큰둥하게 다가왔다. 그것은 독일 유학 시절에도 그랬다. 독일 유학 시절 지도교수였던 Krause의 의견과 적잖게 이견을 가졌고, 다툼도 불사하였다. 세계적으로 유명한 칸트의 견해에 대해서도 맹목적으로 추종하지 않고, 비판적으로 바라봤다. 예컨대 그는 어떤 경우에도 인간은 목적이지 수단이 아니라고 했다. 그랬던 그가 "섬나라 사람들이 다수결로 헤어지기로 했다면, 사회정의를 위해서 그곳의 교도소에 수감(收監)된 살인마를 처형한 후에서야 헤어짐이 옳다"라고 했다. 그렇다면 그 수감된 살인마는 비록 사람이긴 하지만 목적일 수 없고, 사회정의를 위한 수단으로 전락한 셈이다. 이것뿐만 아니다. 그는 정언명령을 마땅히 준수함이 원칙이고 가언명령을 우습게 봤다. 그렇다면 나의 친한 친구가 살려달라고 하면서 찾아와서 숨겨두고 있을 때, 그 친구에 대해 복수하려고 찾아온 자에게 친구의 행적을 정확히 밝히는 정언명령이 정당할까?

이러한 사고방식을 지녔던 필자에게 다양한 면에서 다재다능한 능력과 그것을 행동으로 발휘했던 김진환 변호사 앞에서는 필자도 모르게 다소간의 주눅이 들었고, 무언가 부족함을 깊이 느꼈다.

[저자 약력]

허 일 태

1951년 전남 고흥군 나로도에서 출생.
1984년 독일 뷔르츠부르크 대학에서 'Die Verfolgung Unschuldiger'로 법학박사 학위취득.
1984년 동아대학교 교수로 임용되어 2016년까지 재임.
2024년 현재 동아대학교 법학전문대학원 명예교수, 부산지방검찰청 인권위원회 위원장, 부산고등검찰청 국가송무 상소심의 위원회 위원장

저서로는 『형법연구 I ~ IX』, 『정의의 굴렁쇠』, 『형벌과 인간의 존엄』, 『독일형법(역)』, 『안락사 연구』, 『법학방법론』, 『형사정책(공역)』, 『인간의 존엄과 권력』, 『법철학입문(역)』, 『법학입문』, 『권력과 자유』(허일태 · 신동운 편저), 『효당 엄상섭 형법논집』(신동운 · 허일태 편저), 『인간적인 삶을 찾아서』와 『삶의 굴레』 등이 있다.

논문으로는 "형법상 행위개념의 재구성", "법관의 법왜곡행위에 대한 대책", "사형제도의 위헌성", "형법의 기초이론과 죄형법정주의", "형법 제20조의 '사회상규에 위배되지 아니하는 행위'의 재조명" 등 220여 편이 있음.

인간적인 법을 찾아서

초판발행 2024년 7월 30일

지은이 허일태
펴낸이 박노일

총괄기획 최준규
편 집 이상민

펴낸곳 피앤씨미디어

경기도 고양시 일산동구 강송로 153 310-1501
등록 제396-2012-000203호
전 화 070)7550-3758 팩 스 02)6280-3758
홈페이지 www.pncmedia.co.kr 이메일 pnc@pncmedia.co.kr
ISBN 979-11-5730-943-6 03360

※ 무단복사 및 전재를 금합니다. 파본 및 낙장본은 교환하여 드립니다.

정 가 15,000원